西北民族大学中央高校基本科研业务费专项资金项目资助
（项目编号31920240025）

大学英语阅读教学与学生思辨能力培养研究

侯婷婷 著

中国商务出版社
·北京·

图书在版编目（CIP）数据

大学英语阅读教学与学生思辨能力培养研究 / 侯婷婷著. -- 北京：中国商务出版社，2024.5
ISBN 978-7-5103-5142-6

Ⅰ. ①大… Ⅱ. ①侯… Ⅲ. ①英语－阅读教学－教学研究－高等学校 Ⅳ. ① H319.37

中国国家版本馆 CIP 数据核字（2024）第 081296 号

大学英语阅读教学与学生思辨能力培养研究

侯婷婷　著

出版发行：	中国商务出版社有限公司

地　　址：北京市东城区安定门外大街东后巷 28 号　　邮　　编：100710
网　　址：http://www.cctpress.com
联系电话：010-64515150（发行部）　　010-64212247（总编室）
　　　　　010-64515210（事业部）　　010-64248236（印制部）
责任编辑：吕伟
排　　版：北京亚吉飞数码科技有限公司
印　　刷：北京亚吉飞数码科技有限公司
开　　本：710 毫米 × 1000 毫米　1/16
印　　张：11　　　　　　　　　　字　　数：174 千字
版　　次：2024 年 5 月第 1 版　　　印　　次：2024 年 5 月第 1 次印刷
书　　号：ISBN 978-7-5103-5142-6
定　　价：85.00 元

凡所购本版图书如有印装质量问题，请与本社印制部联系
版权所有　翻印必究（盗版侵权举报请与本社总编室联系）

前　言

听、说、读、写、译是大学生在英语学习过程中的五项重要技能。其中阅读作为一项输入性技能，是大学生获取信息、增长知识的主要途径。对英语学习者来说，输入（input）是语言习得的重要条件，而英语阅读正是获得语言输入的关键途径。英语阅读具有帮助学生积累语言和文化知识、开阔视野、树立文化自信等多重作用。截至2024年，"全民阅读"已连续11年被写入政府工作报告。2021年3月，《中华人民共和国国民经济和社会发展第十四个五年规划和2035年远景目标纲要》明确提出深入推进全民阅读，建设书香中国。由此可见，深入推进全民阅读是中国政府历年来高度重视的一项工作。

阅读不仅是解码和理解的过程，更应是"悦读"的过程。然而近年来我国的大学英语阅读教学偏离"悦读"的发展轨迹，存在阅读目的功利化、阅读教学表层化、阅读理解碎片化等问题。在阅读目的方面，应试化需求下的功利性价值取向迫使教师为了让大学生通过大学英语四、六级考试而"教"，学生为了通过大学英语四、六级考试而"学"，致使阅读文本的思想性、交际性大为削弱。在阅读教学方面，许多教师过多强调阅读材料中知识点的传授，而忽视对学生阅读策略的教授和阅读能力的培养。在阅读理解方面，教师仅把预设的阅读教学目标停留在学生对阅读材料字面意思的理解或对事实性细节的掌握上，没有充分挖掘阅读材料深层次的内涵，导致学生对阅读材料的整体理解是浅层的、碎片化的、不全面的。

当今信息技术快速发展，信息种类繁多且复杂，如何从中辨别并筛选出有用的信息是大学生教育要面对的重要课题。因此，教师在大学英语阅读教学中注重培养学生的思辨思维显得越来越重要，思辨能力对学生发展具有重要意义。在当前的大学英语阅读课堂上，仍存在"思辨缺席"的情况，学生表现出思辨能力意识不强、阅读理解能力不足、语言组织缺乏条理性、逻辑性和准确性等问题。因此，如何在大学英语阅读教学中激发学生的思维，提升学生的阅读能力值得我们深入探究。基于此，作者特策划并撰写了《大学英语阅读教学与学生思辨能力培养研究》一书，旨在将思辨能力应用于大学英语阅读教学中，探究其对大学生英语思辨技能和阅读理解能力的影响，期望提高大学英语阅读教学的实际效果。

本书共包含七个章节的内容。第一章开宗明义，首先对大学英语阅读教学进行研究，包括阅读与阅读理解能力、国内外英语阅读教学研究以及影响大学生英语阅读的因素。第二章对思辨能力的概念进行解析，包括思辨与思辨能力、大学英语思辨教学的理念以及理论基础。前面两章的内容为下面章节内容的展开作铺垫。第三章介绍了大学英语阅读教学中学生思辨能力的培养依据，主要介绍了语篇分析理论、图式理论、多模态理论三大理论。考虑到大学生在阅读教学中的关键作用，第四章对大学英语阅读教学中学生思辨能力的培养策略进行分析，包括提倡自主学习、加强深度学习、提供阅读技巧、培养阅读策略。教学模式是组织教学活动的重要体现，对教学效果影响深远，鉴于此，第五章对大学英语阅读教学中学生思辨能力的培养模式进行了总结，包括阅读圈模式、ESA阅读教学模式、主题式阅读教学模式、翻转课堂阅读教学模式、批判性阅读教学模式。第六章将阅读与写作相结合，介绍了以读促写与读后续写的概念、国内外以读促写的研究，以及以读促写法与学生写作思辨能力提升。第七章为本书的最后一章，主要总结了大学英语阅读"教学评"一体化与学生思辨能力的培养，首先分析了"教学评"一体化的概念，其次探讨了"教学评"一体化与大学英语阅读教学的关系以及如何提升学生的思辨能力。

总之，《大学英语阅读教学与学生思辨能力培养研究》一书在章节设计过程中摒弃了传统的研究模式，结合阅读教学理论与新兴的阅读研究方向，做到了理论与实践相结合、研究与创新相结合。为了避免语言晦涩对读者阅读理解程度的影响，作者采用了平实的语言，并通过丰富的阅读教学案例，增加了本书的实用性与应用性。相信本书会为大学英语阅读学习者、教学者和相关领域研究者带来一定的启示。

本书在撰写过程中得到了很多专家、学者的建议与帮助，在此表示诚挚的谢意。鉴于作者水平有限，成书时间仓促，书中难免有疏漏之处，恳请广大读者批评指正。

作者

2023年11月

目　录

第一章　大学英语阅读教学研究　　　　　　　　　　　　　　1
　　第一节　阅读与阅读理解能力　　　　　　　　　　　　　2
　　第二节　国内外英语阅读教学研究　　　　　　　　　　　10
　　第三节　影响大学生英语阅读的因素　　　　　　　　　　16

第二章　思辨能力概念解析　　　　　　　　　　　　　　　　21
　　第一节　思辨与思辨能力　　　　　　　　　　　　　　　22
　　第二节　大学英语思辨教学的理念　　　　　　　　　　　25
　　第三节　大学英语思辨教学的理论基础　　　　　　　　　34

第三章　大学英语阅读教学中学生思辨能力的培养依据　　　　38
　　第一节　语篇分析理论　　　　　　　　　　　　　　　　38
　　第二节　图式理论　　　　　　　　　　　　　　　　　　54
　　第三节　多模态理论　　　　　　　　　　　　　　　　　62

第四章　大学英语阅读教学中学生思辨能力的培养策略　　　　66
　　第一节　提倡自主学习　　　　　　　　　　　　　　　　66

第二节 加强深度学习 69
第三节 提供阅读技巧 77
第四节 培养阅读策略 83

第五章 大学英语阅读教学中学生思辨能力的培养模式 90

第一节 "阅读圈"模式 90
第二节 ESA阅读教学模式 96
第三节 主题式阅读教学模式 101
第四节 翻转课堂阅读教学模式 106
第五节 批判性阅读教学模式 115

第六章 大学英语以读促写教学与学生思辨能力的培养 119

第一节 以读促写与读后续写 120
第二节 国内外以读促写的研究 123
第三节 以读促写法与学生写作思辨能力提升 133

第七章 大学英语阅读教学评一体化与学生思辨能力的培养 141

第一节 教学评一体化研究 142
第二节 教学评一体化与大学英语阅读教学的关系 148
第三节 教学评一体化与学生阅读思辨能力提升 150

参考文献 161

第一章　大学英语阅读教学研究

在英语课程中，阅读的重要性不言而喻，虽然近年来我国英语阅读教学的整体效果得到了明显的改善，但仍存在许多至今还未能解决的难题，如教学模式固化的问题比较突出等。从眼下英语课程的教学体制上看，完形填空和阅读理解占据了相当大的分值与比例，这部分题目重点在于考查学生的阅读理解能力。在实际教学阶段，教师采用的教学方式一般都是直接让学生翻译文本，先让学生了解文章的大概意思，然后加深其对通篇文章的理解。虽然此时学生对教师讲解的文章有了进一步的掌握，但他们的阅读理解能力却没有得到充分锻炼，同时这种说教式的教学方式也不利于激发起学生的学习兴趣。同时，当前课程中存在教学内容不连贯的问题。我们知道，英语阅读是分为不同板块的，虽然不同阅读内容之间彼此独立，但通过进一步的分析我们不难发现，这些不同内容之间不但存在着一定的内在联系，而且是围绕同一个主题或者是同一个知识点展开介绍的。在实际教学中，由于教师没有挖掘出这些阅读文本之间的联系，因而带给学生的教学内容通常是不流畅的，阅读起来费时费力，不利于学生形成完善的知识链，继而限制了他们阅读水平和良好语言思维的发展。如今的英语教学强调"教教材"而不是"教材教"，有时教师甚至基于学生在阅读过程中遇到的问题会直接给出完整的翻译内容，长此以往，学生在进行英语阅读时便会对教材和教师产生强烈的依赖感，难以获得技巧的提升。根据上述内容不难看出，当前的英语阅读教学在内容、方法及策略上均存在一定的问题，尤其面临课堂主体不够明显的困境，对此要通过探索和构建全新的教学模式来解决以上问题，为学生英语阅读素养的发展奠定良好基础。

第一节　阅读与阅读理解能力

一、阅读

（一）阅读兴趣

1.阅读兴趣的定义

兴趣在教育活动中的重要性毋庸置疑，早在19世纪初，德国著名教育家赫尔巴特（Herbart，1802）就提出教学的导向性目标之一是发展兴趣。他认为兴趣能够在人们对事物进行正确、全面认知时起到重要作用，能够将习得的知识维持更长时间，同时能够激发人们进行更深远的学习活动。随后，美国教育家杜威（Dewey，1913）在其撰写的《教育中的兴趣和努力》一书中提出，以兴趣为基础的学习的结果与仅仅以努力为基础的学习的结果有质的不同。但此后无论在教育心理学领域还是其他领域，兴趣的相关研究均没有得到研究者过多的关注。[1]直至20世纪80年代，西方研究者才逐渐意识到兴趣在学习中的重要作用，对其本质以及其对学习的作用影响展开了探讨和研究，并尝试对其进行合理且科学的定义和理论解释。

20世纪90年代起，我国研究者虽然开始关注并认可兴趣在学习中的重要影响力，但对其在教学实践中的实验研究和深入的理论探讨仍较为稀少。总体而言，中西方许多学者尝试对学习兴趣的内涵进行界定，但目前仍缺乏较为统一的概念。[2]

就目前而言，学界普遍认可西方学者希迪（Hidi）对"兴趣"概念的二

---

[1] 章凯.兴趣与学习：一个正在复兴的研究领域[J].宁波大学学报（教育科学版），2000（1）：27-30+33.

[2] 赵兰兰，汪玲.学习兴趣研究综述[J].首都师范大学学报（社会科学版），2006（6）：107-112.

分法，即个人兴趣和情境兴趣。该理论认为，个人兴趣是一种不断发展的、相对稳定的心理特点，它和增长的知识、价值及积极的情绪相联系，是由内部激活的；情境兴趣是对环境输入的一种反应，它的产生和激活依赖当前环境里的某些条件和刺激，是可以自发产生并很快退散的。[1]依据上述对兴趣的概念界定可知，个体兴趣较情境兴趣而言更为持久和稳定。希迪认为，个人兴趣和情境兴趣是能够同时发生与互相转换的，情境兴趣在特定条件下能够发展成相对持久的个人兴趣。[2]因此，他认为兴趣是个体的个人兴趣与有趣的环境特征相互作用而产生的心理状态。

我国学者章凯（1996）基于西方学者对兴趣的相关研究和理论解释，对"兴趣"的概念进行界定。他认为兴趣是个体在与环境相互作用中渴求并获得信息，以促进心理目标形成、演化和发展的心理过程。[3]

2. 阅读兴趣的分类

米切尔（Mitchell，1993）对情境兴趣进行了分类。他在中学生数学课堂上进行有关数学学习兴趣的实证研究调查和分析后，提出了情境兴趣的二维理论模型。他将情境兴趣分为两个维度，即激发性情境兴趣和维持性情境兴趣，其中将激发性情境兴趣的引发因素分为"小组学习""计算机""智力谜题"，将维持性情境兴趣的引发因素分为"意义性"和"自我卷入"。[4]米切尔指出，"小组学习"通过提供给学生相互交流的机会来激发学生学习兴趣；"计算机"和"智力谜题"通过使用较为新奇且打破传统的教学工具和教学模式来激发学生的兴趣。"意义性"是指学生认为在体验式英语阅读课上所学的知识是"有意义知识"，当学生认为其所学知识是有价值的时候，就会产生学习动力来维持其学习兴趣。"自我卷入"是指学生主动参与学习

---

[1] Ainley M., Hidi S., Berndorff D. Interest, learning, and the psychological processes that mediate their relationship [J]. Journal of educational psychology, 2002, 94（3）: 545.

[2] Hidi S. An interest researcher's perspective: The effects of extrinsic and intrinsic factors on motivation [M]. Intrinsic and extrinsic motivation. Academic Press, 2000: 309-339.

[3] 章凯, 张必隐. 兴趣对文章理解的作用 [J]. 心理学报, 1996（3）: 284-289.

[4] Mitchell M. Situational interest: Its multifaceted structure in the secondary school mathematics classroom [J]. Journal of educational psychology, 1993, 85（3）: 424.

过程的程度，自主地参与有助于其学习兴趣的维持。

希迪和伦宁格（Renninger，2006）将其原先构建的兴趣发展四阶段模型与米切尔所建的情境兴趣二维理论模型进行融合，形成新的有关兴趣发展的四阶段理论模型，如图1-1所示。该模型包括兴趣发展和转化的四个阶段，即激发性情境兴趣、维持性情境兴趣、最初的个体兴趣和稳定的个体兴趣。其中激发性情境兴趣是指一种来自情感和认知加工过程的短暂改变的心理状态；维持性情境兴趣由激发性情境兴趣转化而来，其产生因素在于高度并持久地集中注意力参与某一特定知识内容的心理状态；最初的个体兴趣是对某些特定情境中反复出现和参与的学习内容进行相对持久的探索和获取而产生的，它通常伴随着积极情感、价值量和知识量的积累；稳定的个体兴趣是在最初的个体兴趣的基础上进一步对知识和积极情感进行积累，并对上述学习内容进行更长时间的探索和获取。

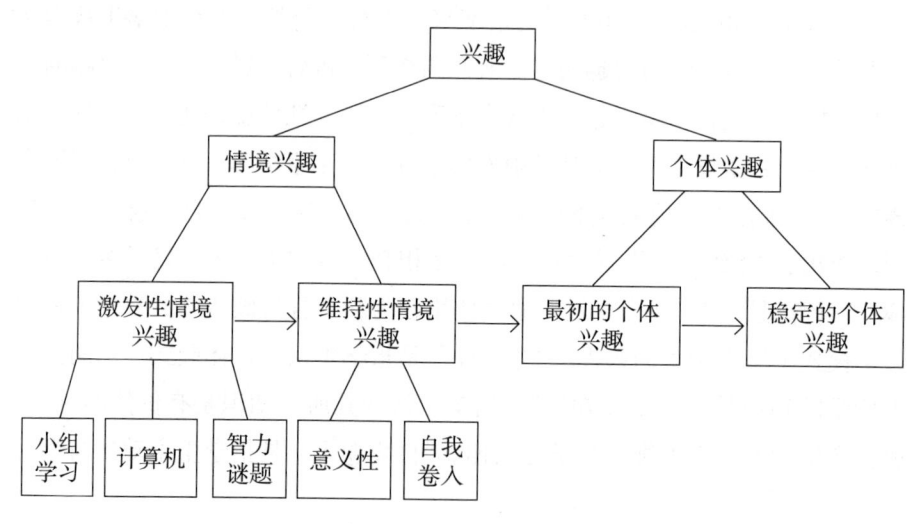

图1-1　希迪和伦宁格的兴趣发展四阶段理论模型

上述兴趣四阶段理论模型将激发性情境兴趣看作即时阅读兴趣，将维持性情境兴趣看作延时阅读兴趣。

第一，在该理论模型的第二层次中，从激发性情境兴趣逐渐发展为稳定的个人兴趣的过程，实际上是本书中英语阅读即时兴趣向英语阅读延时兴趣的发展。

第二，研究者认为，模型第三层次中的五个要素与体验式外语教学"4E理论"中的"参与""愉悦""共鸣"和"环境"四个要素关系密切。"小组学习"的形式能够帮助学生更积极地"参与"体验式教学活动；"计算机"和"智力谜题"能够通过在体验式教学过程中的多媒体教学工具和有趣教学方式来吸引学生的注意力，从而使学生在轻松愉悦的教学"环境"中获得更为"愉悦"的情绪体验；"意义性"情境兴趣因素让学生对阅读内容的学习更有动力，使学生能够全身心地投入学习过程，从而让其与学习材料和内容产生"共鸣"，获得语言能力和阅读能力的提高，这种提高的体验感能够使学生再一次主动参与到下一阶段的学习环节中，从而实现学生的"自我卷入"。

因此，本书将模型原有的第三层次的五个要素改编总结为以下四个维度，即教学生动性维度、情感体验维度、意义认识维度和自主参与维度，并通过上述四个维度探讨和分析体验式阅读教学对学习者阅读兴趣的影响。调整后的模型如图1-2所示。

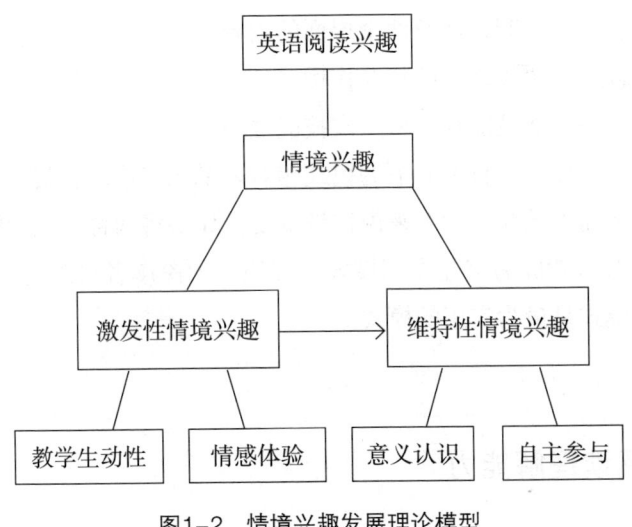

图1-2 情境兴趣发展理论模型

（二）阅读模式

阅读要遵循一些基本的模式，具体包含如下几种。

（1）自下而上模式。自下而上模式源自19世纪中期，是一种较为传统的阅读模式。所谓自下而上，即从低级的单位向高级的单位进行加工理解的过程，低级的单位即基本的字母单位，高级的单位如词、句、语义等。也就是说，自下而上的阅读模式是从对字母的理解转向对文本意义的理解。显然，这一过程是有层次、有组织的。因此，读者要想对语篇有所理解，就必须从理解基本的字母入手，理解某个词的意义，进而理解句子、语篇的意义。

（2）自上而下模式。自上而下的模式与自下而上的模式正好是相反的，其产生于20世纪60年代，是读者基于自己的知识结构，通过预测、检验等手段对阅读材料进行加工理解的过程。自上而下的阅读模式是以读者为中心，侧重读者自身的背景知识、自身的兴趣对阅读产生的影响。阅读可以被视作一种猜字游戏，读者运用自身固有的知识结构，减少其对字母等的约束和依赖。在阅读过程中，读者需要对语篇结构进行预测，并从自身掌握的知识出发理解语篇。

（3）交互作用模式。交互作用模式源自20世纪80年代，这一模式即运用各个层面的信息来建构文本。同时，交互作用模式是一种双向的模式，将上述两种模式融合在一起，涉及两个层面的内容。

第一，读者与语篇之间的相互作用。

第二，较高层次技能与较低层次技能之间的相互作用。

就文本理解而言，自上而下的模式相对来说比较重要；就词汇、语法结构而言，自下而上的模式相对来说比较重要。如果将两种模式的精华提取出来并加以综合，就成为交互作用模式，其便于加深读者对语篇的整体理解。可见，这一模式是最为实用的模式。

二、阅读理解能力

英语阅读是英语教学中非常重要的一环，也是促进学习者语言输入、提高学习者语言能力的重要方式之一，而英语阅读能力的提升则是提高听说读写能力的根本所在。[①]阅读语篇吸取知识的过程，是学习者与作者进行交流互动和不断对话的过程，也是学习者从文本中生成观点，从而以口头表达或者书面写作等形式进行应用输出的过程。在这个过程中，学习者不断增强自己的阅读理解能力，如细节推理能力和判断能力等。

学者胡春洞（1998）指出，英语阅读理解能力主要是对阅读材料的理解能力，这些能力多体现个体在阅读中的语能、才能、技能和智能。[②]胡春洞肯定了阅读理解能力对文本解码的重要性，并且从文本出发定义了阅读理解能力，意识到了阅读理解能力所需要的心理过程和认知过程。他认为，阅读理解能力对学习者的语言解码、文本理解、阅读材料的重构以及知识提取和运用都有着重要影响。

从上述文本看，众多学者提出的阅读理解能力主要从文本出发，以解码文本为目的，在阅读过程中，需要智力因素和非智力因素、心理和行为的参与。

胡宗健（1995）[③]和雷卓雄（2011）[④]从阅读能力的内涵出发并指出，阅读能力主要由阅读理解能力、选择力、想象力、感知力、思考力和表述力五种能力组成，学习者在接收信息的过程中，学会了独立思考和独立判断，最终形成其对文本本身的理解。

姜承英（2006）[⑤]指出，阅读能力是多种能力共同构成的，其中包括理解能力、观察能力、分析概括能力、阅读表达能力、创造性阅读能力、掌握读书方法和使用工具书及制作卡片的能力。这说明阅读理解能力是阅读能力的重要组成部分。

王蔷和陈则航（2016）详细论述了阅读品格和阅读能力以及阅读素养之间的关系。[⑥]其中，阅读能力主要包括解码能力、语言能力、阅读理解能力

---

① 吕玮. 教学创新与大学英语阅读能力的提升 [J]. 教育评论，2013（3）：108-110.
② 胡春洞. 英语阅读论 [M]. 南宁：广西教育出版社，1998.
③ 胡宗健. 阅读的可能性 [J]. 成人教育与特殊教育，1995（1）：1-2.
④ 雷卓雄. 如何提高学生的阅读能力 [J]. 教育理论与实践，2011（29）：59-60.
⑤ 姜承英. 职专学生英语阅读能力的培养 [D]. 福建教育学院，2006.
⑥ 王蔷，陈则航. 中小学生英语阅读素养的内涵及其培养 [J]. 英语学习，2016（1）：29-31.

以及文化意识四个层面（具体见表1-1），它们从解码、语言、理解以及文化等方面入手对阅读能力进行具体的范畴划分。其中阅读理解能力分为信息提取能力、策略运用能力和多元思维能力。阅读理解侧重学习者思维能力的提升，在该类别中，学习者需要通过思考、批判以及运用来增强其阅读理解能力。

表1-1 阅读能力分类

阅读能力分类	具体项目
解码能力	文本概念、音素意识、拼读能力、流畅度
语言能力	词汇知识、语法知识、语篇知识
阅读理解	信息提取、策略运用、多元思维
文化意识	文化感知、文化理解、文化比较、文化鉴别

曾用强（2017）[①]和栗瑞莲（2020）[②]从《中国英语能力等级量表》中归纳出阅读能力的构成，阅读能力主要由阅读认知能力和阅读策略组成。其中阅读认知能力包括识别与提取能力，如识别和提取关键信息的能力；概括与分析能力，如理解全文的能力；批判与评价书面信息的能力（具体见表1-2）。其中，概括与分析能力最为精细和复杂，这也是学习者在阅读语篇时理解全文最关键的部分，概括与分析能力是学习者阅读时进行的主要认知活动，旨在深层次地理解语篇、弄清作者的意图。由此可知，学者的阅读理解能力即对文章的概括与分析能力，主要目的在于促进读者对文本的理解。

[①] 曾用强.中国英语能力等级量表的"阅读量表"制定原则和方法 [J].外语界，2017（5）：1-11.
[②] 栗瑞莲.基于中国英语能力等级量表的高考英语试题分析：以2020年高考英语全国卷及新高考卷阅读理解题为例 [J].基础教育课程，2020（8）：30-35.

表1-2 阅读认知能力描述语参数

阅读能力分类	具体项目
识别与提取能力	提取、找出、识别、罗列、指出
概括与分析能力	理解：解释、举例、推断、比较、总结、说明 分析：区分、辨别、归类、解释、分析、总结概况、推论、预测
批判与评价能力	评价：批判、判断、辩解、欣赏、赏析

范婷婷和曾用强（2019）构建了新的阅读能力标注框架，并且将阅读能力分为三类：文本类型、认知能力和信息处理范围（具体见表1-3）。从该分类可以看出，研究者扩大了阅读能力的范围。他们认为，阅读能力主要从文本、认知以及信息处理范围出发，学习者在阅读的过程中需要了解相关的阅读材料和其类别，根据不同的文本类型进行认知思考，其中认知层面主要表现在四个方面：识别信息、理解语篇、分析材料和评价语篇。此外，研究者还阐述了阅读材料中的层次范围：由词到篇，体现了由简单到复杂、由浅至深的阅读特点。

表1-3 阅读能力标注框架

阅读能力分类	具体项目
文本类型	叙述性材料、说明性材料、论述性材料
	指示性材料、描写性材料、交流性材料
认知能力	识别：一般词汇和较难词汇
	理解：理解、举例、概括、解释、分类、比较
	分析：区分、分析、综合
	评价：判断逻辑、评价价值
信息处理范围	单词、句子、段落、篇章

第二节　国内外英语阅读教学研究

一、国外有关英语阅读教学的研究述评

国外有关英语阅读教学的研究主要是通过不同视角和维度对阅读教学的模式和理论进行探讨和界定的。国外学者经过近百年的探索和研究，最终形成了较为科学和系统的阅读教学模式与体系。

20世纪50年代，乔姆斯基（Chomsky）提出的"先天语言获得机制（LAD）"将英语阅读教学的研究重点从仅关注阅读中的词汇相关知识转移到关注阅读中的句型和句法知识。20世纪60年代，随着心理语言学与认知语言学的不断发展，许多学者开始将这些理论引入阅读教学研究中，并获得一系列具有深远影响的研究成果。例如，认知心理学家奥苏泊尔（Ausubel）在1963年运用图式理论解释了学习的过程，他认为学习者需要在学习过程中将"新知"与大脑中原有的"旧知"关联在一起，这样才是有意义的学习。该阶段阅读教学的相关研究既为后来的相关研究提供了可以将各学科的理论和思想融入阅读教学研究中的思考，也为后来研究阅读教学的学者们提供了较为科学且有借鉴意义的方向与指导。

1972年，在行为心理学的影响下，高夫（Gough，1972）提出了"自下而上"的阅读模式（Bottom-up Model），该模式认为阅读过程是精确的、被动的。[1]读者在阅读时要按照单词、词组、整句、整段、整篇的顺序，从最小单位到最大单位对阅读文本进行解码，最终才能真正理解整篇文章的含义。这种模式虽然能够提高学生对基础词汇和语法的掌握程度与理解程度，但也会导致学生过于专注细节的内容，不利于学生对整篇文章内涵的深层理解和把握。除此之外，这种阅读模式过于强调学生对语言知识的掌握，且与

---

[1] Gough P. B. One second of reading [J]. Visible Language，1972，6（4）：291-320.

目前"以学生为主体"的教学理念相悖,忽视了学生在阅读过程中的主观能动性,使整个学习过程显得死板和无趣,学生参与教学环节的积极性不高,从而无法帮助学生有效提高自身的阅读能力。

1973年,针对前人研究中存在的缺陷,古德曼(Goodman,1973)等学者提出了"自上而下"的阅读模式(Top-down Model)。[①]该模式认为,读者根据自己已掌握的阅读背景知识从整体上快速对阅读材料进行主旨大意的理解和把握,并根据所获信息对文章内容和作者的写作意图等信息进行解读与推测,随后再从文中寻找相关信息对自己的推测进行验证。这种阅读模式虽然对第一种阅读模式进行了改进,有助于学生对整体信息的把握和深层理解,但是忽视了对学生阅读过程中的语言知识掌握能力的培养。除此之外,该阅读模式过分夸大学生在阅读过程中的主观意识,过于重视学生主观的推测和理解,而忽视了学生对基础语言知识的获取,从而导致学生无法从该模式的阅读教学中提高自身的阅读水平和英语综合运用能力。

纵观上述两种教学模式,二者均有一定的合理之处和不足。随着阅读教学相关研究的不断深入发展,研究者试图对二者的合理之处进行综合借鉴,对二者的缺陷进行补救。1977年,鲁梅尔哈特(Rumelhart,1977)提出了"相互作用"模式(Interactive Model)。[②]该模式认为阅读并非简单机械的单向作用过程,而是同时包含"自上而下"和"自下而上"两个方向的双向过程,一个阅读信息将会不断进行上下的交互作用,并最终在语篇层面上融为一体。该模式指出,读者不仅可以通过背景知识对阅读文本中的细节内容进行寻找,还可以充分运用文本中的语言知识对文章的内容加以分析。这种模式能够使读者将从阅读文本中获得的新知识与大脑中原有的知识进行联系,从而更好地帮助读者提高自身的语言水平、阅读能力和英语综合运用能力。然而,该模式也有一定的弊端,即淡化了语言运用的过程,该模式缺乏在阅读后阶段将语言进行产出和运用的意识,且没有强调和锻炼读者或学习者运

---

① Goodman K. S. Reading: A psycholinguistic guessing game [J]. Literacy Research and Instruction, 1967, 6 (4): 126-135.

② Rumelhart D. Toward an interactive model of reading in S. Dornic [J]. Attention and performance, 1980 (6): 6.

用语言的能力。

在此之后，威尔逊（Wilson，1986）从交际的研究视角出发，提出关联理论（Relevance Theory）。[①]该理论认为，阅读是读者和作者借助阅读文本为书面信息载体所进行的一种交际活动，读者可以基于文本中一些有逻辑性的关联性信息来解读阅读内容的主旨大意和判断作者的写作意图。

由此可见，国外研究者积极对英语阅读教学的理论和教学模式进行了研究，并获得了较为丰富和全面的研究成果，为英语阅读教学的进一步深入研究提供了理论上的支持，同时也为国内学者进行英语阅读教学的相关研究提供了思考角度。

二、国内有关英语阅读教学的研究述评

一直以来，我国将外语教育作为重点来看待。英语阅读教学是我国外语教学中的主体之一，故广被学者们进行探索和研究，并取得了十分丰富的相关研究成果。本文将从以下两点阐释有关我国英语阅读教学的相关研究及发展。

（一）对已有阅读教学理论研究进一步探析和解读

许余龙（1999）在《影响中国学生英语阅读能力的教学因素》一文中研究分析得出如下结论。[②]随着学生年级、年龄的增加，教师适当使用一定的教学方法对阅读学习的内容进行讲解，就可以帮助学生更好地提高其英语阅读能力。此文为今后的阅读教学的模式和方法提供了较为科学的英语阅读课

[①] Sperber D., Wilson D. Relevance: Communication and cognition [M]. Cambridge, MA: Harvard University Press, 1986.

[②] 许余龙. 影响中国学生英语阅读能力的教学因素 [J]. 外语与外语教学，1999（8）：17-20+57.

堂现状调查与数据支持，有助于未来的学者在此数据的基础上进一步探索，并能够切实提高学生的阅读能力。

姚喜明（2004）等学者从历时性的角度综述了在过去一百余年里，国外学者从认知心理学、心理语言学等角度对阅读进行的理论和模式方面的研究成果，介绍了信息加工、语言心理、交互模式和图式理论四种阅读模式，客观阐述了阅读模式的演变和内涵。①

康立新（2011）采用定性定量相结合的方式，梳理了近三十年来图式理论在我国的发展历程、发展现状和发展趋势，并尝试分析了该理论目前发展存在的不足和今后发展的研究方向。与此同时，他指出将图式理论运用在外语教学中的阅读理解领域可以提高读者阅读理解的能力和效率。②

上述两位学者的研究成果为之后英语阅读的相关研究和阅读教学实践起到了较强的指导作用。

单小艳（2012）等学者在确定了英语阅读教学模式综合化的可行性后，将合作、自主和探究相结合，形成新的综合教学模式，并确定该教学模式将适合当今时代的发展。③这一尝试为我国阅读的课上教学模式、课下自主阅读模式和阅读课程评价体系提供了有力的理论支撑，力图全面激发学生的阅读兴趣，提高学生的阅读能力。

夏莲茹（2010）建议教师在英语阅读教学中不断进行教学反思，转变自身的教学观念，慎重考虑对教学材料的选择，通过充满亲切感和感染力的教学态度，与学生在和谐、轻松的教学氛围中进行情感交融，提高学生的学习激情，从而培养学生的阅读习惯和阅读主动性。与此同时，夏莲茹将教学重点放在传授给学生学习方法上而不仅仅放在学习内容上，培养让学生从"学会"转向"会学"。④

葛炳芳（2012）针对我国高中英语阅读教学现状中存在的问题和不足

---

① 姚喜明，潘攀.英语阅读理论研究的发展[J].外语教学，2004（1）：72-75.
② 康立新.国内图式理论研究综述[J].河南社会科学，2011，19（4）：180-182.
③ 单小艳，张春晓，李文艳.试论"合作+自主+探究"英语阅读教学模式[J].黑龙江高教研究，2012，30（4）：136-139.
④ 夏莲茹.高中英语阅读理解教学策略[J].教学与管理，2010（33）：132-133.

提出了改进策略，即教师根据教学目标选择适合学生的教材并对其进行充分解读，接着通过个性化的教学设计对教材文本进行解构，并在此基础上帮助学生建构他们的知识体系，帮助学生借助评价性阅读等手段，更深层次地对阅读文本进行理解。上述行为可简要归纳为以下六个方面，即选材（selection）、解读（interpretation）、设计（management）、上课（practicing）、定位（locating）、反思（reflect）。①

随着我国课程教学改革的不断推进，我国学者将研究重点逐渐从对国外阅读教学理论的释析转移到根据我国学生学情和课程改革现状进行匹配的阅读教学策略和原则的研究上来。随着"核心素养观"理念在我国课程教学改革中的不断深入，有学者强调教师在英语阅读教学中应注重学生学科核心素养的培养。王蔷（2017）认为，核心素养与英语阅读教学的关系紧密，能够针对目前英语教学存在的问题提供一定的改进措施。她指出，在核心素养背景下的英语阅读应遵循多项原则，包括学校提供多种合适且文体丰富的阅读材料、培养学生积极主动的阅读习惯、帮助学生理解文本背后的意义、教师提供新知识以优化学生的认知结构等。②许祎（2022）指出，魏华的《大学英语生态课堂与生态教学模式的路径探索》一书中将生态学的观点和思想融入大学英语阅读教学，并依据当前新媒体的背景提出了重构高校生态课程的有效策略。③

（二）对已有阅读教学理论和模式进行具体实践及运用

高云峰（2000）发现将图式理论应用在高校飞机驾驶专业的学生学习上，能够明显地提高其阅读能力水平。该研究将图式理论运用在了专业英语阅读中，扩展了英语阅读教学理论的运用范围，通过不同视角肯定了该理论的可

---

① 葛炳芳.高中英语阅读教学改进策略的思考 [J].课程·教材·教法，2012，32（2）：94-98.
② 王蔷.核心素养背景下英语阅读教学：问题、原则、目标与路径 [J].英语学习（教师版），2017（2）：19-23.
③ 许祎.新媒体环境下高校英语阅读教学的生态特征及创新模式研究 [J].环境工程，2022，40（3）：271.

行性。①

刘伟（2006）通过实验研究并证实了批判性阅读教学模式能有效增强学生策略意识，提高学生的阅读能力和写作能力。②

王雨（2012）分析了文本驱动阅读模式、图式驱动阅读模式和交互阅读模式的内涵和理念，指出在英语阅读教学中使用交互阅读模式能够充分激发学生的阅读激情，帮助学生提高英语阅读能力和唤醒自我意识。③

于志涛（2012）将QQ群作为虚拟学习社区，将元认知策略应用于大学英语学习者上，并对其英语阅读获得进行实验研究，肯定了在虚拟英语阅读社区中应用元认知策略对学生自主学习积极性和阅读能力的有效影响。④

周玲（2016）以教学实验的方式验证了语篇分析理论在大学英语阅读教学中的有效性，该研究发现将语篇分析理论作为教学指导，能够有效提升学生对语篇的理解程度，进而提高学生的语篇分析能力和阅读理解能力。⑤

马莲（2021）指出，张佐贤的《任务型教学在农村中学英语阅读教学中的应用研究》一书分析了在农村初中开展任务型教学的应用研究。这一研究在互联网和教育的双重视域下，肯定了任务型教学的有效性。此外，马莲还对研究开展过程中所发现的该种教学模式的不足提出了改进措施。⑥

---

① 高云峰.应用图式理论提高SBE阅读能力 [J].外语界，2000（3）：33-37.
② 刘伟，郭海云.批判性阅读教学模式实验研究 [J].外语界，2006（3）：14-18+23.
③ 王雨.交互阅读模式在英语阅读教学中的应用研究 [J].教育与职业，2012（6）：147-148.
④ 于志涛，牟晓青.元认知策略训练在QQ群英语阅读学习社区中的应用研究 [J].现代教育技术，2012，22（02）：85-90.
⑤ 周玲，李瑛.语篇分析理论在大学英语阅读教学中的应用研究 [J].教育评论，2016（4）：128-131.
⑥ 马莲."互联网+教育"背景下宁夏固原农村中学英语阅读教学的现状及改进策略：评《任务型教学在农村中学英语阅读教学中的应用研究》[J].中国油脂，2021，46（7）：161.

第三节　影响大学生英语阅读的因素

阅读不仅与词汇、句子、语篇等方面的认知有着密切的关系，还与语言之外的其他因素相关，因此在英语阅读理解过程中，读者需要了解影响英语阅读的各种因素，只有这样才能对有利的因素进行利用，对不利的因素进行控制，从而实现教与学成果的最大化。

总体来说，影响英语阅读的因素主要包含七大类，即词汇量、语法基础、背景知识、阅读策略、阅读习惯、阅读兴趣、思维习惯。这里的大部分内容都会在后面的章节进行具体的分析和探讨，因此这里只作简要的说明。

一、词汇量

词汇量是影响英语阅读的最基础的因素，词汇量的多与少对阅读能力的高与低起着决定性的作用。如果一名学生拥有丰富的词汇量，那么他对语言的理解就会更加连贯与系统；反之，如果一名学生拥有的词汇量比较少，那么他就很难理解阅读材料。

著名学者福曼（Foorman）曾说过，一个人如果缺乏足够的词汇量，他就不能够对阅读文本进行解码，这是造成阅读困难的首要原因。因此，词汇量是影响阅读能力的关键因素之一。

二、语法基础

当然，具备了充足的词汇量并不代表着学生就能够顺利地完成阅读，这是因为所有富含意义的词语都需要运用语法规则进行连接之后才能形成句子，才能形成阅读材料。因此，语法基础对英语阅读有极其重要的作用。如果一个人具备了充足的词汇量，但是语法基础不好，那么必然就会造成他阅读理解中的障碍，尤其是那些长难句、特殊句、从句，这些句子让学生理解起来往往会感到非常吃力。例如：

Even when we turn off the beside lamp and are fast asleep, electricity is working for us, driving our refrigerators, heating our water, or keeping our rooms air-conditioned.

如果学生的语法基础不够扎实的话，那么他们就很难理解这个句子，相反那些语法基础好的学生会对这个句子进行如下几点分析。

（1）本句包括一个时间状语从句（even when we turn off the beside lamp and are fast asleep）、一个主句（electricity is working for us），还有三个作伴随状语的现在分词（driving our refrigerators，heating our water，keeping our rooms air-conditioned）。

（2）上述句子的这些分句传达了五层含义。

①即使在我们关掉了床头灯深深地进入梦乡时。

②电仍在为我们工作。

③（电）帮我们开动电冰箱。

④（电）加热水。

⑤（电）使室内空调机继续运转。

（3）如果要理解各个分句的含义，那么就要对其进行整合，按照目的语的思维习惯将其串联起来，即这句话的意思是："即使在我们关掉了床头灯深深地进入梦乡时，电仍在为我们工作：帮我们开动电冰箱，把水加热，或使室内空调机继续运转。"

从上面的例子中不难发现，英语阅读能力的高低与学生的语法基础是密切相关的。

三、背景知识

在日常生活中，人们一看到某些词语就会联想到与之相关的信息、事物等,从而会对这些信息、事物进行某种程度的预测。事实上,这就是他们的背景知识在发挥作用。同样,背景知识对英语阅读有着极其重要的影响。

丰富的背景知识可以对读者的词汇量、语法基础等层面的缺陷进行弥补,可以帮助他们理解整个语篇的大意。但是,如果背景知识匮乏,他们就很难理解整个语篇,甚至会闹出笑话。例如:

The eagle always flew on Friday.

上例中的"eagle"一词是一个带有文化意义的词语。在英语中,"eagle"指的是美元或者美国,如果学生对这一背景知识有一个充分的了解,那么他们就会明白这句话的含义是"每周五发工资",但是如果学生对这一背景知识不了解,他们很容易将这句话理解成"老鹰总是在周五的时候飞",从而闹出很大的笑话。

从该例中我们不难发现,背景知识对英语阅读十分重要,而背景知识的获取并不是一两天的功夫,需要学生通过平时的阅读和学习进行长期的积累。因此,这既要求教师在课堂上要教授学生充足的背景知识,也需要学生课下进行积累,只有这样,学生的阅读理解能力才能得到提高。

四、阅读策略

除了上述三种影响因素,还有一些主观的影响因素,如阅读策略、阅读习惯、阅读兴趣及思维习惯。这里主要讲的是阅读策略。这是因为,词汇量充足、语法基础扎实、背景知识丰富虽然对提高阅读的质量非常重要,但是并不能保证提高阅读的速度和效率。同时,学生们并不是时时刻刻都有充足的时间进行阅读,有时候时间非常紧迫,学生还必须在规定的时间内完成阅读,那么这时候就需要学生掌握一定的阅读策略,并运用这些策略来顺利地完成阅读任务。

教师在传授阅读策略之前,首先要让学生明确阅读的目的。如果学生不能对这些阅读策略进行恰当的使用,也还是无法提高阅读效率,因为阅读的目的对阅读策略的选择和使用起着决定作用。例如,如果学生想要把握主旨、掌握主题，可以通过阅读全文来整体了解文章大意，不需要死记个别的单词或者句子；如果学生想要把握阅读材料中的某一个细节，他们就不需要通读全文，只需要定位到该阅读材料中的某段或者某几段，进而阅读相关的内容即可。

五、阅读习惯

不同学生的阅读习惯也不同，这些阅读习惯无疑会对英语阅读产生影响。如果一名学生具有良好的阅读习惯，那么他不仅会有较快的阅读速度，还会有较高的理解能力；如果一名学生的阅读习惯不良，那么他的阅读速度往往就会非常慢。例如，目前有一些学生习惯用笔或者手指来指着阅读，有一些学生习惯将每一个单词都读出来，还有些学生习惯重复性地阅读，从某种程度上说，这些习惯都会大大地降低阅读的速度和效率。基于此，在英语阅读教学中，教师应该培养学生良好的阅读习惯，从而帮助学生提高自身的阅读效率。

六、阅读兴趣

常言道，兴趣是最好的老师。因此，阅读兴趣也是影响英语阅读的重要因素之一。兴趣能够激发学生继续阅读的动机，其对学生阅读学习的作用不可小觑。如果学生对某一阅读材料非常感兴趣，那么学生就会表现出极大的欲望与耐心，即使在阅读过程中遇到困难，他们也会想尽办法去解决；相反，如果学生对某一阅读材料不感兴趣，他们对其就没有什么阅读欲望，甚至还非常地厌烦，他们在阅读时往往就会心不在焉。当遇到困难时学生就会更加烦躁，他们往往会临阵退缩，那些原本可以解决的问题也会变成极难跨越的鸿沟。可见，培养良好的阅读兴趣对英语阅读来说是非常重要的。

七、思维习惯

众所周知，英汉两种语言在表达方式、句型结构、句子重心等方面都存在明显的不同。这些不同源自英汉两个民族不同的思维方式。中国学生在阅读英语材料时，不可避免地会运用母语的思维方式进行阅读，从而影响阅读的速度和效率。因此，思维习惯也是影响英语阅读的一个重要因素。

例如，就思维顺序来说，中国人的思维顺序主要是由大到小、从宏观到微观。这一点在地址的书写上有着最直观的体现。中国人在写地址的时候，习惯先写最大的国名，然后写省名、市名、县区名、街道名，最后写最小的门牌号。西方人的思维顺序多是由小到大、从微观到宏观，并且比较注重细节。因此，英语通常将小地址放在前面，大地址放在后面。例如：

Room 301, Building 24, Zhongshan Road, Dalian, Liaoning Province

辽宁省大连市中山路24号楼301室

再如，就思维方法来说，中国人多采用归纳法，思路展开往往先综述、后概括，从特殊到一般，从具体到抽象。另外，中国人注重事物的对立统一，主张用辩证思维去看待万事万物。不同的是，西方人多采用演绎法，思路展开往往先立论、后展开，从一般到特殊，从抽象到具体。同时，西方人总是观点鲜明，认为非此即彼、非真即假。这种思维差异在英汉语篇中有着明显的体现。了解英汉思维习惯差异，减少汉语思维的负迁移作用，努力用英语的思维习惯进行阅读，对提高阅读效率是十分重要的。因此，英语阅读教学中，教师应该培养学生形成良好的英语思维习惯。

第二章 思辨能力概念解析

　　传统的阅读课堂教学多是老师讲解，学生机械地接受学习内容。在这一过程中，学习者过于注重模仿、记忆等方式的重复学习，过于依赖机械背诵，这种重复机械的学习训练方式固化了"以语言为中心"的学习模式，缺少了思维活动的参与，限制了思辨能力的发展。在英语阅读教学中，生词的出现有时严重影响学生的阅读体验。很多学生在独自面对生词时，会表现出不同程度的畏难情绪，在做阅读理解选择题时也是随机猜测、随机选择。课上，多数学生倾向依靠教师的讲解被动理解生词的词义，较少学生借助上下文语境，推理分析猜测生词含义。长此以往，生词成为学生阅读中的一大障碍，并严重影响着学生对文章的阅读理解。在英语阅读理解的考查题项中，主要考查学生思辨能力的部分是推理判断题。但是，学生在处理这类题目时大多倾向先将阅读材料逐字翻译为汉语再理解题意。这种阅读方式使学生只能片面理解阅读材料的字面意思，无法深入把握文章的深层含义，缺乏对作者"画外音"的阐释、分析，造成对文本内容分析"只见树木不见森林"的现象。因此，对过于注重模仿、记忆导致词义猜测能力欠缺和判断推理能力不足等的"思辨缺席"问题，教师应当创新教学方法，增加探究式、问答讨论式等多种有助于思维训练的活动。教师需要关注学生语言表达的逻辑性，发散其思维，增加其对问题的深层次思考，促使学生的思维水平从低级阶段向高级阶段转化，从而摆脱学生"只学知识不发展能力"的困境。

第一节　思辨与思辨能力

一、思辨

"Critical"一词来自古希腊，它的两个词根分别代表"kriticos"和"kriterion"，它们的含义都是：通过有效的评估标准，进行有目的地思考，最终做出有道理的判断。

古希腊哲学家苏格拉底是西方最早对"思辨"进行探索的学者，他提倡"辩证法"，主张学生用辩证的思维去揭露事物的矛盾从而得到其本质。此后，学者们对"思辨"的定义各执己见。美国哲学家约翰·杜威（John Dewey）是较早对"思辨"做出较为系统认识的学者，他指出"思辨"是一种"有目的性的自我反思"。

保罗（Paul）等学者（1987）认为，思辨是一种"理性思考的方式"，学习者运用思辨的思维去研究问题，用分析、推理等方式使问题清晰化，有利于其更加准确地去解决问题。[1]

孔子及其弟子是我国最早提出思辨思想的人物，《礼记·中庸》提出："博学之，审问之，慎思之，明辨之，笃行之。"强调学习者在学习过程中要仔细探究、谨慎思考、清晰明了地辨别，以及要坚持实践，培养自己的批判性思维和自我反思能力。宋代学者陆九渊提出了思辨结构，并指出要通过"格物致知"的途径去认识"本心"。[2]

20世纪后半叶，学界对"思辨"的定义和概念进行了更加深入的研究。

---

[1] Paul, R. & Elder, L. Critical Thinking: Learn the Tools the Best Thinkers Use [M]. New Jersey: Pearson Prentice Hall, 2006.

[2] 张立文.论中国哲学逻辑结构研究法 [J].浙江学刊，1984（6）：76-81.

顾黄初（1982）认为，"思辨"是通过语言表达出来的。[①]

杨耀坤（1987）基于马克思和恩格斯对"思辨"的考究，区分了两个不同层次的思辨，即哲学认识论意义上的思辨和科学方法论意义上的思辨。[②]

陶宏义（1989）指出，思辨是要抓住事物相互联结的链条，归纳和分析要解决问题的线索或通过演绎发现从未有过的关系等。[③]

易德（1994）指出，"思辨"就是思维过程中的概念推演。[④]

王天思（2000）认为，"思辨"是对逻辑（包括数学）对象超出基本规定的思考。[⑤]

此外，《现代汉语词典》（1996年7月修订第3版）对"思辨"的定义是：一是在哲学上是指利用逻辑进行推导的单纯理论与概念的思考；二是思考辨析。

综上所述，虽然学者们对"思辨"的概念界定不一，但其观点都具有以下特征："思辨"是自我的、具有反思性与逻辑性的批判和质疑，思辨过程就是对已存在的问题进行归纳与分析。本书采用的是《现代汉语词典》中对"思辨"的定义，即"思考辨析"，学习者通过在英语阅读学习活动中对问题进行深层次思考、辨别与分析。

二、思辨能力

"思辨能力"的概念最早由杜威于20世纪初提出。在《我们如何思维》（*How We Think*）一书中，杜威首次提到"反省思维"（reflective thinking），

[①] 顾黄初. 议论与思辨：略论"议论能力"的培养 [J]. 扬州师院学报（社会科学版），1982（1）：101-104.

[②] 杨耀坤. 论思辨 [J]. 湖北师范学院学报（哲学社会科学版），1987（1）：17-24+64.

[③] 陶宏义. 物理实验中的思辨思维 [J]. 湖北师范学院学报（自然科学版），1989（1）：103-107.

[④] 易德. 哲学与思辨 [J]. 西北师大学报（社会科学版），1994（3）：98.

[⑤] 王天思. 哲学认识中的思辨和分析 [J]. 南昌大学学报（社会科学版），2000（4）：16-21.

认为这种思维活动是对固有知识的再次深度思考。①

思尼斯（Ennis，1962）指出，"思辨能力"包括认知能力和情感倾向两个方面，具有思辨能力的人可以支配自己的思想和行为。②

哈尔彭（Halpern，1993）把"思辨能力"定义为分析、整合和评价信息的能力，以及在实际中运用这些能力的倾向。③

保罗和埃尔德（Paul & Elder，2006）指出，思考能力的发展需要运用合理的评估标准，进行有意识地推理，以便做出有根据的判断。④

此外，也有学者将"思辨能力"看作一种认知技能，这种技能涉及信息提取、推理和演绎，既体现了分析问题、解决问题的思维倾向与能力，也体现了思维与评价的标准。

相比国外研究，国内学界对"思辨能力"的研究起步较晚。有学者认为，批判性思维是一种独立、综合、具有建设性的思维方式，它能够从多个角度对所观察到的现象和事物进行分析，从而得出准确、客观的结论。

刘爱龙（2006）指出，思辨能力是指人们在实践的基础上发现、分析和解决问题的理论思维能力，它具体表现为思想的开放性、思维的敏锐性、逻辑的严密性以及表达的准确性等方面。⑤

针对有学者把"批判性思维"翻译成"高层次思维能力"，学者文秋芳并不认同，认为这样会使读者无法理解"批判性思维"中所提出的观点。后来，文秋芳（2010）指出，"思辨能力"包括元思辨能力和思辨能力，其中思辨能力包括思辨认知和思辨倾向。⑥

---

① 约翰·杜威. 我们如何思维 [M]. 北京：新华出版社，2010.

② Ennis, R. H. A concept of critical thinking [J]. Harvard Educational Review（1），1962：81 - 111.

③ Halpern, D. F. Assessing the effectiveness of critical thinking instruction [J]. Journal of General Education, 1993（4）：238 - 254.

④ Paul, R. &Elder. L. Critical thinking: The nature of critical and creative thought [J]. Journal of Developmental Education, 2006（30）：34-35.

⑤ 刘爱龙. 论法理学教学与法学思辨能力的培养 [J]. 黑龙江高教研究，2000（1）：157-160.

⑥ 文秋芳，赵彩然，刘艳萍，等. 我国外语类大学生思辨能力客观性量具构建的先导研究 [J]. 外语教学，2010（1）：55-58+63.

刘凤娟（2014）指出，尽管各领域学者在界定"思辨能力"时解释不一，但在实质上差别不大："思辨能力"就是一种自我认识的能力，它把反省自己和别人的思想作为认识的客体，它是一种调节、管理自我认识的能力。[1]

孙有中（2015）认为，"思辨能力"可以从两个方面来定义：一方面，它要求人们勤奋地学习，坚持科学与理性，认清事实，谨慎判断，评价客观公正，勇于积极探索，并持之以恒地追求真理；另一方面，它是一种认知技能，它涉及对事物的证据、概念、方法、标准和背景进行深入的分析和评估，并能够通过推理和解释来得出结论。[2]

综上，国内外学者对思辨能力的概括主要包含"理性的""有目的的""批判的"等关键词。本书采用的是文秋芳（2010）[3]对"思辨能力"的定义，即思辨能力包括认知与情感两个维度，认知维度主要分为分析、推理和评价三项核心技能，情感维度归纳为五个方面，即好奇、开放、自信、正直和坚毅。本书侧重培养学生在英语阅读课堂中的分析、推理与评价技能，同时也关注学生人格特质的培养。

第二节　大学英语思辨教学的理念

孙有中（2019）在国内外学者对外语学习者的思辨能力与思辨倾向研究的基础上，结合我国外语学习者自身学习情况，提出了"思辨英语教学"理

---

[1] 刘凤娟.国内外大学生思辨能力培养研究[J].大连大学学报，2014（3）：134-136.
[2] 孙有中.外语教育与思辨能力培养[J].中国外语，2015（2）：1+23.
[3] 文秋芳，赵彩然，刘艳萍，等.我国外语类大学生思辨能力客观性量具构建的先导研究[J].外语教学，2010（1）：55-58+63.

念。[1]孙有中认为，思辨英语教学不仅是一种实践性的教学方法，更是一种深刻的教育理念。在英语教学中，语言应该被视为培养高级思维能力的重要工具，这意味着学生并不仅是为了掌握语言而学习语言，而是旨在发展他们的思维能力，并在超越语言课堂的情形中运用思维能力。同时，为了能更好地指导英语教学，孙有中提出了关于思辨英语教学的八项基本原则，即对标（Target）、评价（Evaluate）、操练（Routinize）、反思（Reflect）、探究（Inquire）、实现（Fulfill）、融合（Integrate）、内容（Content），这些原则旨在帮助学生更好地理解和掌握英语，更有效地提高学习效果。因此，在英语学习的高级阶段，教师不仅要培养学生的人际沟通能力，还应更加注重培养他们在语言学习过程中获取知识、分析问题、解决问题以及进行创新的能力。当前，"思辨英语教学"已经成为一种重要的教学理念。

与传统的阅读教学相比，思辨英语教学理念指导下的阅读教学更能显著激发学生的阅读兴趣，提高学生的阅读成绩。结合当前大学生的英语阅读现状，本书提出以下几点教学建议，以期为大学英语教师在阅读课堂中运用思辨英语教学理念教学提供参考。

首先，教师要将培养思辨能力落实到每个单元、每篇课文的教学当中。因此，教师在备课的时候要从学生的认知能力和认知水平出发，在实施具体的课堂教学之前要认真设计教学活动，制订合理的教学计划，从不同的角度激发学生的思维，培养他们的阅读兴趣和阅读爱好。

其次，教师要改进教学中的课堂引导和提问方式，激发学生阅读兴趣。在日常的教学中，除了培养学生自身良好的阅读习惯、选择合适的阅读材料以及创设良好的阅读情境，教师还应注重以学生为中心，引导学生从多个角度思考问题，鼓励学生在课堂中发言，并给予他们肯定。此外，教师要提高自身的专业素养，尊重和理解学生，深层次地了解学生的阅读兴趣和阅读方向，完善学生的学习方式，引导他们从研究阅读中的表层问题转到研究内隐的问题，从而进行思辨性思考。

再次，教师在应用思辨英语教学理念时要注意各个语言活动的有效衔接

---

[1] 孙有中.思辨英语教学原则[J].外语教学与研究，2019（6）：825-837+959.

与合理过渡，应根据学生的"最近发展区"去引导他们从低级到高级的思考，并且需要学生去长期反复训练才能达到内化的效果。教师可以向学生提出一个具有思辨性的问题，先让每名学生独立思考答案，然后和同伴进行讨论，最后在班上分享自己与同伴得出的观点，这一训练既可以表达自己的观点和看法，同时又能在吸收同伴观点的过程中锻炼自己的思辨能力。

最后，教师不仅要关注学生认知技能的训练，还应该注重培养他们的思维品质和人格倾向。思辨英语教学理念的应用让学生认识到自己的价值与潜能，在语言学习过程中既发展了语言能力，也培养了思辨能力，从而达到双赢的学习成效。

一、大学英语思辨教学理念的理论视角分析

（一）国外思辨能力与英语阅读教学的研究述评

1962年11月，拉塞尔（Russell）博士在迈阿密召开的NCTE会议上发表了关于思辨能力与阅读关系的看法，认为思辨性的阅读并非凭空产生的，它与思辨能力密切相关。阅读是一个多层次文本互动的过程，语篇内容传递着隐含的信息，包括作者的思想态度等。[1]

早在20世纪下半叶，国外学界就开始关注阅读的重要性。

高麦拉斯（Commeyras，1993）指出，在小学阶段，阅读可以显著地增强学生的思考能力，尤其是批判性思维。除了注重理论的发展，学者们还就思辨能力对英语阅读成绩的影响进行了研究。[2]

---

[1] Kress，G. Ideological structures in discourse [A]. In van Dijk（ed.），1985.

[2] Commeyras, Michelle. Promoting Critical Thinking through Dialogical Thinking Reading [J]. The Reading Teacher，1993（46）：486-494.

范思哲（Van Tassel-Baska）等学者（2009）[1]对学生的成绩进行了纵向研究，以评估学生在阅读理解和思辨能力方面的发展。

阿尔卡利（Aloqaili，2012）[2]通过回顾和分析阅读理解与思辨思维的关系，认为在阅读理解与思辨能力之间存在着良好的关系。

费迪（Ferdi）等人（2015）通过采用准实验研究的方法，探究在思辨阅读背景下，实验班和控制班的成绩变化。实验证明实验班的成绩优于控制班，说明思辨阅读教学不仅能促进学生的思辨能力发展，还可以提高学生的阅读成绩。[3]

在思辨能力模型量具日益成熟的基础上，伊尔德里姆和索伊立米兹（Yildirim & Soylemez，2018）采用随机抽样的方法对某大学的232名学生进行研究，使用思辨能力自我评价表和阅读量表对学生进行测试，旨在揭示思辨阅读问题对思辨思维和阅读能力的影响。[4]

为了进一步验证大量阅读是否真正能提高学生的思辨能力，阿尔奋（Arifin，2020）通过实验探讨了思辨性阅读对提高学生的思辨能力和阅读理解能力的作用，研究结果证明，学生在不同程度上接触大量阅读任务可以促进他们的思辨能力和阅读能力提升。[5]

于连（Yulian，2021）采用翻转课堂教学模式来提高大学英语学习者的

---

[1] Van Tassel-Baska, J., Bracken, B., et al. A longitudinal study of enhancing critical thinking and reading comprehension in Title I classrooms [J]. Journal for the Education of the Gifted, 2009（1）:7-37.

[2] Aloqaili, A. S. The relationship between reading comprehension and critical thinking: A theoretical study [J]. Journal of King Saud University-Languages and Translation, 2012（1）: 35-41.

[3] Ferdi, A., Özlem, K. &Koray, et al. How Effective Is Critical Reading in the Understanding of Scientific Texts? [J]. Proceed-Social and Behavioral Sciences, 2015, 174（C）: 2444-2451.

[4] Yildirim, S. & Soylemez, Y. The Effect of Performing Reading Activities with Critical Reading Questions on Critical Thinking and Reading Skills [J]. Asian Journal of Education and Training, 2018（4）: 326-335.

[5] Arifin, S. The Role of Critical Reading to Promote Students' Critical Thinking and Reading Comprehension [J]. Jurnal Pendidikan Dan Pengajaran, 2020（3）: 318-326.

阅读思辨能力，研究结果显示，学生的自主学习能力有所提升。[1]

（二）国内思辨能力与英语阅读教学的研究述评

根据国内的研究，思辨型英语课程的主要目标是帮助大学生更好地理解和掌握知识，但也有一些人认为，这些课程更适合培养中小学生的阅读能力。此外，对阅读思辨能力培养策略集中在"是什么"层面，除了"是什么"，还应该重视培养学生的阅读思维能力，并且要求他们在课堂上积极参与，以便更好地发挥其潜能。[2]

思辨英语教学在英语阅读教学中的应用最开始聚焦在大学生身上，相对中小学生而言，他们的思维发展已经趋于稳定和成熟，更具有研究性。

李养龙和李莉文（2013）基于布鲁姆的认知能力分层理论，深入探讨了高考英语试卷中的阅读理解部分，发现存在着思维能力的缺失等问题，并给出了一系列有效的改善措施。[3]

田秀峰（2013）指出了批判式阅读教学的必要性，并对阅读教学中的障碍进行了分析。随着文秋芳团队对大学生思辨能力的研究成果日趋成熟，其他学者在此基础上开始对阅读材料进行分析，探讨如何能更好地培养大学生的思辨能力。[4]

安琳和王蓓蕾（2016）对"新目标大学英语"阅读系列教材进行了分析，认为在阅读任务的设计上，教材既要注重学生的语言技能，又要重视思辨能力的培养。[5]

---

[1] Yulian, R. The flipped classroom: Improving critical thinking for critical reading of EFL learners in higher education [J]. Studies in English Language and Education, 2021（2）: 508-522.

[2] 丁维. 基于国内英语学科的思辨能力研究综述 [J]. 海外英语, 2020（16）: 206-207.

[3] 李养龙, 李莉文. 高考英语科阅读能力测试与思辨能力培养：基于布卢姆认知能力分层理论的探讨 [J]. 山东外语教学, 2013（2）: 56-61.

[4] 田秀峰. 批判式阅读教学的必要性及其障碍分析 [J]. 教学与管理, 2013（36）: 114-116.

[5] 安琳, 王蓓蕾. 新要求 新视角 新体验："新目标大学英语"阅读系列教材编写理念与特色 [J]. 外语界, 2016（2）: 23-30.

李晓红（2021）认为，借助自然的语言环境和丰富的文本材料，学生可以更加深刻地领会文章的含义，进而培养出更高的思考能力，同时也大大增加了他们的英语阅读技巧。近年来，研究者开始注重将思辨能力的研究对象转向中小学学生，并将文秋芳团队的研究成果与中小学阅读课堂相结合，通过实验探讨在大学阅读课中运用何种教学活动才能更有助于培养大学生的思辨能力，以及思辨能力能给大学生的阅读能力带来何种成效。[1]

除了对课堂教学的研究，还有学者借助思辨能力视角对大学英语教材阅读板块的任务进行研究，采用英国语言学家安德鲁·利特尔约翰（Andrew Littlejohn）的教材任务分析表与"德尔斐"项目组的双维结构模型，对任务内容、参与者和过程等三个维度进行分析，得出了教材虽然在总体上关注学生思辨能力的发展，但教材任务忽视学生思辨技能的评价等结论，并提出一些可行性的解决方案。

显然，从思辨英语教学理念对学生英语阅读能力影响的角度来看，当前研究更多关注的是学生成绩的发展和变化，忽视了传统英语阅读教学与思辨英语教学理念指导下的英语阅读教学对学生阅读兴趣变化的影响，而这也是本书要关注和探讨的一个方面。

综上所述，国内外学者都认为，思辨教学理念指导下的英语阅读教学对培养学生的思辨能力起到了促进作用，学生的阅读能力也随着思辨能力的不断发展而提高。

二、大学英语思辨教学理念的实践视角分析

（一）重视思辨倾向引导，加强思辨能力培养

教师在学生思辨能力的发展中确实可以起到重要的引导作用，日常的教

---

[1] 李晓红. 原生态英语阅读能力提升研究 [J]. 环境工程, 2021（11）: 208.

学活动对学生思辨倾向可以产生潜移默化的影响。为了更好地培养学生的思辨能力，教师的首要任务是重视自身思辨倾向水平的发展，提升自身的思辨能力，以便更好地引导学生发展积极的思辨倾向。因此，教师需要系统地学习思辨倾向相关理论，深入了解思辨倾向的概念，并以此理论为支撑，在实际的课堂教学中对学生进行思辨能力的培养。此外，教师应正确认识到学生思辨倾向与阅读能力之间的关系，在阅读教学过程中落实思辨能力培养计划，在阅读课上创设适当的情境，给学生提供锻炼分析、推理及评价等能力的机会，帮助学生辨析文本细节，推理语篇逻辑关系，评价文本深层内涵，清晰地阐述自己的论点，从而提高学生在英语阅读分层思考、归纳建构、创新思维等方面的能力。

在教学实践中，教师对学生的思辨能力培养应从思辨倾向特征入手，充分了解学生在思辨倾向维度上的长处和不足，根据学生的实际情况制订有针对性的阅读教学计划，在教学中激发学生的积极思辨倾向，以促进学生语言学习的发展。教师可以在英语阅读教学中融入训练思辨能力的相关活动，鼓励学生在课堂上质疑和发表见解。阅读前，教师可以向学生介绍相关背景知识，引起学生的阅读兴趣，以便后续阅读活动的顺利开展。在阅读中，教师应教授学生相应的思辨性阅读策略，指导学生在阅读中合理运用思辨技能。在学生遇到难题时，教师应调动学生独立思考、探索答案的积极性，帮助学生克服畏难心理，激发学生阅读的自主性。

（二）加强阅读策略训练，完善思辨性阅读教学

大学生外语学习的目标不仅是习得语言知识和发展语言技能，也应在语言学习的同时发展自身的思辨能力，并将其运用于真实的生活情境中。学生思维品质的培养是英语核心素养的重要组成部分之一，形成大学生思维品质，应重点培养学生的内在逻辑性、批判性、创新性等思维能力。英语阅读是一个复杂的思维过程，学生在进行阅读活动的同时其思维能力也能得到训练。提高阅读思维能力需要恰当阅读策略的指导，而恰当的阅读策略同样有利于阅读思维能力的发展。因此，在培养学生的思辨倾向时，教师应向学生教授相应的阅读策略，从而促进学生阅读理解能力的发展，以达到学生发展

综合语言知识和能力的教学目标。教师应改变传统教学观念，采用融合思辨培养的语言技能训练，以发展学生思辨倾向和阅读水平为导向，进行思辨性阅读教学。

　　思辨型阅读教学模式对学生的思辨能力和阅读能力都会有积极影响，既有利于培养学生的思辨能力，又能促进学生阅读成绩的提升。思辨性阅读教学以阅读文本的语言知识为依托，可以对整个语篇进行深入分析和评价。教师在思辨性阅读教学过程中应指导学生从多层次、多角度分析文本，改变阅读方式的机械性，平衡基础语言知识和思辨技巧的学习，在阅读中降低对词汇和语法等基础语言知识的关注，将更多的注意力集中于探索文本的深刻内涵上。此外，在阅读活动中，教师应以学生为中心，多给学生提供表达观点的机会，教师可以设置小组活动，让学生在语言交流中锻炼思辨技能。

　　教师在确立思辨性阅读教学策略前，应先明确思辨性教学原则，基于思辨性教学原则，根据具体阅读材料，设计思辨性阅读活动。

　　在思辨型阅读教学中，教师首先应将培养思辨能力纳入教学目标，以思辨能力培养为目标，有计划、有组织地开展阅读教学活动。其次，教师也应将思辨标准纳入教学评价体系，运用思辨标准评价学生的课堂表现，逐步将思辨标准内化为学生的思维习惯。良好的思维习惯是经过反复操练形成的，为了培养学生的深层次思维，教师需要在教学中对学生的高阶思维进行常规化训练，在阅读活动中提出具有思辨性和挑战性的问题，指导学生独立思考问题。在经过高阶思维操练后，教师还应引导学生进行反思，反思在解决问题过程中存在的不足。有研究表明，定期写反思日记有助于提升学生的思辨能力，教师在阅读活动中需指导学生反思其学习过程。

　　思辨型英语教学还提倡教师进行探究式教学，给学生提供自由探究的机会，促进其思辨能力的发展。思辨阅读教学不仅应关注阅读技能和思辨能力的发展，还应高度重视学生积极心理倾向的形成，促进学生的自我实现。思辨阅读教学离不开语言材料，教师在阅读材料的选择上应选取具有认知挑战性的阅读文本，语言输入材料在很大程度上影响学生的语言输出能力，输入有思辨性的语言材料有助于提高学生的语言输出能力，促进学生综合语言能力的发展。综上，英语教师应基于思辨英语教学原则，制订思辨性阅读教学计划，教授思辨性阅读策略，引导学生运用高阶思维分析阅读材料，融合培养学生的语言能力和思辨能力。

（三）增强教师提问意识，优化阅读提问设计

在阅读教学中，教师的课堂提问是激发学生思辨能力的有力途径。因此，教师应优化课堂提问设计，在适当的情境中引导和促进学生思辨能力的发展。教师在阅读课上可根据阅读材料设计开放性问题，激发学生的求知探索精神，帮助学生培养发散性思维。在阅读活动中为学生提供检测思辨倾向的框架，检验学生在解决问题时恰当运用思辨思维的能力。教师在阅读过程中应逐步引导学生进行思辨式阅读，通过有步骤地课堂提问，指导学生把握文章主旨，分析文本逻辑结构，进而促进学生掌握思辨概念和技能。

梁美珍（2013）提出，在英语阅读教学中，教师可以从以下三个层面设置问题。第一层是展示性问题，让学生对文章有一个整体的把握，理解文本信息。这类问题属于文本阅读的初级阶段。第二层是参阅型问题，学生需要分析论证文章观点，深入分析语篇，从而推断出深层的文章含义。第三层是评估型问题，评估型问题有利于引导学生独立思考，提高思辨能力。教师在阅读活动设计时应合理分配不同层次的问题，根据学生的认知水平和语言能力设计各层次问题，问题要具备思辨性和挑战性，以激发学生的求知欲和好奇心，帮助学生形成积极的思辨倾向。[1]

此外，教师应培养学生的提问意识，鼓励学生在阅读中独立思考，主动发现问题，积极探索解决问题的方法。在阅读课堂中，教师应营造轻松愉快的课堂氛围，引导学生在阅读中大胆提问，以问题为导向进行阅读活动，明确阅读目标，深入分析和探究文章传达思想。在解决问题的过程中，学生需要进行分析、推理和评价等高级思维活动，从而锻炼学生的思辨能力。因此，教师可适当设置一些高难度问题，给学生创造锻炼思维能力的机会。

---

[1] 梁美珍，等.英语阅读教学中的问题设计：评判性阅读视角 [M]. 杭州：浙江大学出版社，2013.

第三节　大学英语思辨教学的理论基础

一、布鲁姆认知能力分层理论

美国著名教育家本杰明·布鲁姆（Benjamin Bloom）于1956年首次提出了认知分层理论，他把认知过程中的各个阶段划分为不同的目标。其中，低阶段主要涉及获取知识、理解概念、实践操作，而高阶段则涉及分析、综合、评估等；高阶段包含了思辨能力，即逻辑思维、创造性思维以及创新性思维等。这也是布鲁姆认知领域教育目标的重要的组成部分。在布鲁姆认知领域教育目标分类基础上，学者安德森和克拉斯沃尔（Anderson & Krathwohl，2005）对其进行了修改和完善，并对此做出一定的解释，如表2-1所示。[1]

表2-1　安德森和克拉斯沃尔的认知领域目标分类

水平	含义
记忆（Remembering）	指人脑对过去经验或知识的保持和再现，主要包括识记、保持和再现三个环节
理解（Understanding）	指从书面、口头、图片、影像等资料中获取确定信息的过程，主要包括举证、分类、归纳、比较以及解释说明等
应用（Applying）	指将所学知识运用于新情境中的能力

---

[1] Anderson, L. W. & Krathwohl, D. R. A Taxonomy for Learning, Teaching and Assessing: A Revision of Bloom's Taxonomy of Educational Objectives [J]. Europeanlegacy, 2005（3）: 1013-1014.

续表

水平	含义
分析（Analyzing）	指将所给整体材料划分成其构成成分并理解其组织结构，包括对要素的分析、关系的分析和组织原理的分析，代表了比应用更高的智能水平
评价（Evaluating）	指按照一定的内外在标准和要求对材料（论点的陈述、小说、诗歌、研究报告等）做出正确判断的能力，主要包括检查和批评过程
创造（Creating）	指将分散的、孤立的概念或内容按一定方式联系起来，形成能被人普遍接受的信息，主要包括产生意念和意念表述

由此可见，布鲁姆认知领域教育目标的观点，在经过安德森和克拉斯沃尔等学者的分类后，与教育部《义务教育课程方案和课程标准（2022年版）》中提出的英语学科要促进学生核心素养的全面发展的要求更加贴切。

二、思辨层级模型理论

文秋芳等学者（2009）提出的思辨层级模型理论[1]，与国外学者提出的双维结构模型、三元结构模型、三棱结构模型相比，更加适用于中国学生的思维能力。该理论将思辨能力划分为两个层面：元思辨能力与思辨能力，并且结合中国学生的认知发展特点，构建出一个更加完善的思辨能力量具，以满足中国学生的需求，强调学生的主观能动性，如表2-2所示。

---

[1] 文秋芳，王建卿，赵彩然，等. 构建我国外语类大学生思辨能力量具的理论框架 [J]. 外语界，2009（1）：37-43.

表2-2　文秋芳的思辨层级模型

元思辨能力（自我监控能力）——第一层次		
思辨能力——第二层次		
认知		人格特质（倾向）
技能	标准	
分析（归纳、识别、比较、区分、阐释等） 推理（质疑、假设、推理、阐述、论证） 评价（评判预设、假定、论点、论据、结论）	清晰性（清晰、明确） 相关性（切题、详略得当、主题分明） 逻辑性（条理清楚、有根有据） 灵活性（快速变化角度、娴熟自如地交替使用不同思辨技能） 深刻性（有广度和深度）	好奇（好疑、好问、好学） 开放（容忍且尊重不同意见、接受外界观点） 自信（敢于质疑权威，相信自己的判断力） 正直（追求真理、主张正义） 坚毅（有决心有毅力）

不难看出，第一层次中的元思辨能力更加注重学习者的自我监控能力，突出学习者在思辨活动过程中的主体地位。在第二层次中，思维能力不仅涉及分析、推理和评价，还包括思考认知和思维倾向，这些特征可以归纳为五个方面：好奇、开放、自信、正直和坚韧。本书侧重探讨思辨英语教学理念对英语阅读成绩产生何种影响，思辨层级模型理论将为研究的实施和开展提供重要的理论依据，使研究结果具有较好的可靠性和权威性。

三、最近发展区理论

在20世纪30年代早期，前苏联心理学家维果茨基（Lev Vygotsky）致力于探索如何更好地指导和促进教育的发展，从而提出了"最近发展区理论"（也称"潜在发展区理论"），旨在比较儿童在成人指导下或与有能力的同伴合作中解决问题的实际发展水平与潜在发展水平之间的差异，以此来促进儿童的发展。近年来，也有研究指出，"最近发展区理论"强调儿童在发展过程中扮演着重要角色，认为教育的目标不应该局限于传统的内部心理训练，而应该致力于激发未知的心理机制，以发挥儿童的主观能动性。因此，该理论的意义体现在：它力图让教师明白，利用某些中介的辅助，能够让学生实现自身成长，进而协助学生在自身努力下实现最大的进步。教师将该理论应用到教学中，可以帮助学生成长和发展。

在大学英语阅读教学中，教师应明确大学生所处的发展阶段，以及他们在英语阅读课堂中面临的问题，并在思辨英语教学理念的引导下，发展学生的思维，弥补学生固有思维模式和思辨技能与倾向之间的鸿沟，对学生进行技能和情感倾向的培养。因此，"最近发展区理论"也是本书的重要理论基础。

第三章　大学英语阅读教学中学生思辨能力的培养依据

大学英语阅读教学的展开需要依据相关的教育教学理论，进而有效提升大学生的英语阅读能力。在英语阅读教学中，通过语篇分析理论、图式理论、多模态理论等依据，可以充分培养大学生的思辨能力。

第一节　语篇分析理论

一、语篇的概念界定

语篇是语言学习的主要载体。关于如何界定语篇的概念，各流派的语言学家和学者在长期的研究中从不同的研究视角出发，给出过各种各样不同的解释。早期结构主义语言学派，如美国语言学家肯尼思·派克（Kenneth L. Pike）和哈里斯（Zellig Harris）对语篇的概括主要集中于"句子以上的单位""句子的序列""超句体"等思想上，并提出了一些基本的形式特征，以构成语篇定义的必要组成部分，如"句子链接词语""在特定的序列中表达式与其替换式之间的关系""逻辑语义""深层结构""话语主题的构成形式"等。很显然，当时对语篇的认识仅仅停留在句子语法层面，没有关注到语境意义。然而，功能语言学派认为，语篇是更突出语义的单位，较语句形式而言，更要关注其意义。句子不仅只是构成语篇，还是来实现语篇的意义和价值的。

其中，最为广泛接受的是韩礼德和哈桑（Halliday & Hasan）所提出的"A text is used in linguistics to refer to any passage, spoken and written, of whatever length, that does from a unified whole." "A text may be anything from a single proveb to a whole play, from a momentary cry for help to an all-day discussion on a committee", and "a text is best regarded as a semantic unit: a unit not of form but ofmeaning"。①

可见"语篇"不是毫无关联的句子和篇章的堆积，而是具有交际性、连贯性、有意义的语言单位。与"语篇"相对应的另一个容易混淆的概念是"话语"，许多语言学家尝试给两者做出不同定义。

我国语言学家胡壮麟（1994）提到，在某种意义上，"话语"和"语篇"只是反映地域使用上的偏好，本质上没什么差异。②

韩礼德（2011）认为，话语和语篇是从不同角度看待的同一个概念而已，所以这两个词可以用来互相解释。③

综合以上概念，朱长河和朱永生（2011）将"语篇"概括为"人们为传递信息而实际使用的自然语言，是一个意义上连贯的整体，通常由两个以上的句子构成"。④语篇是由语句组成的表达了多层意思的具有内在逻辑相关性的结构系统，包括口头语篇（如口头汇报）和书面语篇（如应用文、说

---

① Halliday & Hasan. Cohesion in English [M]. Beijing: Foreign Language Teaching and Research Press, 2001.

② 胡壮麟.语篇的衔接与连贯 [M].上海：上海外语教育出版社，1994.

③ Halliday M. A. K. 篇章、语篇、信息：系统功能语言学视角 [J].北京大学学报（哲学社会版），2011（1）：137-146.

④ 朱长河，朱永生.认知语篇学 [J].外语学刊，2011（2）：35-39.

明文、议论文等），是运用语言表达的常见形式。就长度而言，一句话甚至一个单词就可以被称为一个独立语篇，一本书甚至几本书也可以被看作一个系统语篇。在语言使用的过程中，语言使用者要在词汇和语法知识的基础上，在交际的情景中将语言组织为意义连贯的语篇。此外，那些包含了图像、歌曲、音频和视频等的非自然语言符号的多模态语篇也同样被包含在本书研究范围内。

二、语篇分析

"语篇分析"是在语篇的概念的基础上建立起来的。在美国《语言》期刊上第28卷的一篇文章《语篇分析》（Discourse Analysis）中，语言学家哈里斯（1952）首次明确提出"语篇分析"的概念。他认为，语篇分析不仅要明白单个词素的意义，更要注重分析句子以上的语言模型，即对语篇结构的分析，以此来深入理解作者创作语篇的意图。

姜望琪（2011）从历史的角度全面、深入地研究了哈里斯的理论和实践，充分肯定了他在打破句子局限、坚持研究实际话语等方面做出的贡献。[①]

系统功能语言学者对语篇分析的研究也给了我们很多启发。韩礼德（2008）提出在系统功能语言学的理论框架下研究语篇分析，更加强调分析语篇衔接和语篇连贯问题，关注解决人们在使用语言、制造意义过程中遇到的种种问题。[②]功能语篇分析主要表现为以下特点。

第一，基于系统功能语篇分析自上而下的层次理念，语篇分析可以从意识形态、文化语境、情景语境出发，分析语篇的体裁类型、语域环境以及它们与语言互动的关系；抑或从自下而上的角度，进行语言形式选择的分析、

[①] 姜望琪. Harris的语篇分析 [J]. 外语教学，2011（4）：13-17.
[②] Halliday M. A. K. Complementarities in Language [M]. Beijing：Commercial Press，2008.

及物性分析、作格分析、语气和情态分析、主谓结构分析、信息结构和衔接系统分析。

第二，系统功能语篇分析强调语境的突出地位，语篇分析难以脱离语境进行，彼此互相制约、互相建构。

第三，以语法分析为基础展开功能语篇的分析。韩礼德（1994）认为，不管语篇分析最终要达成什么目的，它必须立足于语法基础，语篇分析不能完全消除语法分析，脱离语法分析的语篇分析不能是完全意义上的对语篇的解读，只能算是对语篇的评论。[①]

第四，区分了口语语篇分析和书面语篇分析。口语更加真实地反映了人们在自然状态下对语言的使用，而且扩展延伸了语言系统的意义。口语和书面语之间的关系是互补关系，这两种类型只是在意义组织方式和复杂程度的处理上有所不同。

在国内，结合自身多年实践，黄国文（1988）在其《语篇分析概要》一书中首次系统全面地梳理并总结了语篇分析的方法和思路，尤其肯定了系统功能语言学对语篇分析的突出影响力。[②]

概括起来，在语言教学中，语篇分析是语言学习者对语言材料进行识别和标记的手段。在此过程中，人们运用一定方法从整体上对语言进行了分析，不仅包括对整个语篇结构、句子的组合规则、各个句子之间的联系、衔接和连贯等层面的分析和理解，而且整个语篇分析的过程是基于情境展开的。

三、语篇分析理论

英语阅读教学离不开对语篇材料的分析，本书将重点研究英语阅读理解

[①] Halliday M. A. K. An Introduction to Functional Grammar.（2nd ed.）[M]. London：Edward Arnold，1994.

[②] 黄国文. 语篇分析概要 [M]. 长沙：湖南教育出版社，1988.

试题，并从宏观和微观两个角度来探究语篇。在宏观层面，本书将探讨篇章结构和图式理论；在微观层面，本书将探讨语篇分析的衔接及连贯理论。

（一）语篇宏观分析

1.篇章结构

刘辰诞（1999）提出根据篇章的形式及内容结构对篇章进行分类进而形成了篇章模式。[①]

秦秀白（2000）提出从语篇结构的宏观层面上分析，体裁结构的不同导致了篇章模式的不同。[②]根据《义务教育课程方案和课程标准（2022年版）》中对篇章类型内容上的要求，主要将篇章类型分为记叙文、说明文、议论文及应用文四类。其中记叙文是一种以阐述、描写为主要表现形式的文本，其一般通过描述来表现人物、事件、景色或物品等内容；说明文以说明为主要表达方式，其往往能够详细阐释客观事物和抽象概念，帮助我们理解事物的本质，并获得正确的科学认识；议论文通过罗列事实、陈述事理表达作者的思想和主张，重点在于让人信服；应用文是人类在长时间实践中创造的一种文体，是人们获取信息、处理事务、沟通感情的手段。

我们在进行语篇阅读时，不仅可以通过对篇章模式的分析更有效地提炼语篇框架结构，而且可以从其结构中得到篇章所反映出来的整体意义，进而更加明确地体现语篇的中心思想，使读者能够更加清晰地了解作者的创作意图。篇章模式理论帮助读者在阅读过程中对语篇从头到尾进行透彻的识别，为读者提取语篇的整体结构和中心思想进行理论支撑，并且提供有效的实践途径。

2.图式理论

内容图式的储备决定了读者能否剖析语篇的深度内涵。内容图式包括与文本相关的背景知识和读者已经存在的经验，从定义上看，内容图式需要不

---

① 刘辰诞. 教学语篇语言学 [M]. 上海：上海外语教学出版社，1999.
② 秦秀白. 体裁教学法述评 [J]. 外语教学与研究，2000（1）：42-46+79.

断与时俱进、不断更新扩充，接纳先进思想、了解不同文化、储备丰富多样的知识才能在阅读相关语篇时充分体会其中的深层含义。所以，在日常教学过程中，只有深度剖析其中文化背景知识、解析作者写作思想，才能丰富学生的内容图式，使学生在之后的语篇阅读中越来越轻松。

通过形式图式，读者可以更好地理解语篇的结构和体裁，并从中推断出题材和信息，从而实现更有效的阅读。学生通过各个阅读题材的形式图式练习，掌握相应体裁语篇的特点，便于其更好地把握语篇的逻辑关系，使学生能高效且准确地理解语篇。

由此可见，图式理论在教学和实践中的重要性，我们应从基础上掌握语言图式，从背景上把握内容图式，从体裁上运用形式图式，基于图式理论深度剖析阅读理解题目，更好地根据题型提出行之有效的教学建议。

（二）语篇微观分析

1. 衔接理论

韩礼德（Halliday，1964）首次提出衔接是一种连接两个句子或话语的概念。[①]在《英语衔接》（*Cohesion in English*）一书中，韩礼德和哈桑（Halliday & Hasan，1976）进一步说明：衔接是语篇的特征，它反映了语篇的表层结构、证明了语篇中每句话都存在着内在联系。[②]

根据黄国文（1988）的观点，语篇衔接可以分为语法衔接和词汇衔接。[③]语法范畴上的衔接类别有照应、省略、替换、连接。照应是指用代词语法手段等来表示语义关系，可以分为人称照应、指示照应、对比照应和分句照应；省略是为了防止重复，强调文中重要内容，更好地联系上下文，其中可以省略主语、谓语、补语及其他部分；替换则是指替换上文中出现过的词语，进而避免重复，联系上下文，其中包括名词性替代、动词性替代及小

[①] Halliday, M. A. K. The linguistic study of literary texts [M]. Proceedings of the Ninth International Congress of Linguists, 1964.

[②] Halliday, M. A. K., R. Hasan. Cohesion in English [M]. London: Longman, 1976.

[③] 黄国文. 语篇分析概要 [M]. 长沙：湖南教育出版社，1988.

句型替代；连接主要透过因果关系、时间顺序、地点转移等方式达成的。词汇衔接属于语义衔接，主要是通过词汇的重叠、同义、近义、上下义和组合等方式来完成的。

这些衔接手段可能是形式上的，也可能是语义上的。它们可能用来连接语句内部的单词，也可能用来连接语句相互之间的语义联系。无论是语法衔接还是词汇衔接，都是语篇中常见的实现连贯的方法，它通过构建词句间的制约关系，使语义关联变得明显，配合、交叉使用这些衔接方法来实现语篇的连贯性，有助于更好地理解语篇。

（1）语篇衔接的定义

1976年，韩礼德和哈桑共同认为，从20世纪60年代起，语言学家就开始对语篇衔接在语言中的运用进行了研究，研究者们虽然分别从不同的角度解读了衔接一词，但并没给出统一的概念。1964年，韩礼德首次提出衔接的概念。[1]1976年，他和哈桑共同认为篇章内部的词与词之间、句与句之间存在着一种逻辑关系。同时他们还认为语言不是简单的长短句的堆叠和排列，而是通过形式不一的衔接手段（cohesive devices），将具有一定宗旨的句子根据其逻辑关系组合而成的一篇联系紧密的文本。自此，关于衔接理论的研究得到蓬勃发展。

博格兰德和德莱斯勒（Beaugrande & Dressler，1981）[2]认为，衔接体现在语篇的表面，要达到语篇的通顺流畅应以语法衔接等为基础。只有衔接与语篇构建中的其他要素相结合，才能形成真正连贯的篇章。

随着语篇衔接理论的不断完善，我国学者对语篇衔接的定义也在发生改变。

黄国文（1988）[3]指出，衔接最能代表语篇的特点，也是语篇分析的核心内容，同时他还采用大量的英语实例详细地分析衔接理论的应用，并把语

---

[1] Halliday, M. A. K. The linguistic study of literary texts [M]. Proceedings of the Ninth International Congress of Linguists, 1964.

[2] Beaugrande, J. H., Dressler, et al. Commentary：Cohesion：Problems with Talking aboutText [J]. Reading Research Quarterly, 1981（19），240-244.

[3] 黄国文.语篇分析概要[M].长沙：湖南教育出版社，1988.

篇衔接归纳为语法衔接和词汇与逻辑衔接两大项。

胡壮麟（1994）以韩礼德的语篇衔接理论为基础，对语篇衔接的范围进行了扩充。他认为语篇衔接不单单是语法和词汇这两方面，并将语境甚至语调划入语篇衔接的范围。①

王宗炎（1998）展开关于如何把句子组成完整连贯的语篇分析的研究。②

王蒙蒙（2021）指出语法和词汇衔接在英语阅读中的重要性，提出通过分析衔接手段能增强读者对句子与段落的理解，使读者可以更好地从整体上把握篇章意图。③

随着近年来对语篇衔接了解的不断深入，学者们对衔接的定义也层出不穷，但没有确定的统一的定义。国内外不同学者对语篇衔接的理解虽有区别，但大抵相同：当篇章中对一个语言片段的理解以另一个片段为前提时，那么这段语篇中存在着衔接关系。

语篇衔接是不同句子之间产生联系的一种标记。以韩礼德和哈桑关于语篇衔接的定义为基础，阐述语言只有在一定的语篇中更容易被理解和分析，所以语篇衔接对整篇文章的把握起着举足轻重的作用。

（2）语篇衔接的分类

随着语篇衔接理论的不断完善，对衔接的分类也不断改变。以韩礼德和哈桑（1976）对语篇衔接手段的分类④为理论基础而进行的阅读教学探究，包括如下分类。

①词汇衔接。词汇衔接即原词、相近词、同义词或者反义词在文中出现多次，这些词在语篇中暗含的意思都是一样的。通过使用这些词汇，使语篇内容整体上更通顺、衔接得更紧密。

韩礼德和哈桑（1976）⑤提出词汇衔接有两种形式：复现和同现。复现分为重复、同义词或反义词、上下义关系、概括词等；同现即词汇共同出现的倾向性。韩礼德（1994）认为词汇的搭配是语言在发展与完善阶段，形成

---

① 胡壮麟. 语篇的衔接与连贯 [M]. 上海：上海外语教育出版社，1994.
② 王宗炎. 语言学：它的历史、现状和研究领域 [J]. 外语教学与研究，1988（4），14-24.
③ 王蒙蒙. 基于主题语境的深度学习在高中英语阅读中的应用研究 [D]. 辽宁师范大学，2021.
④⑤ Halliday, M. A. K., R. Hasan. Cohesion in English [M]. London：Longman, 1976.

的一种特殊的规则,对语篇的理解起着重要的作用。①能够搭配起来的词汇在语意上关系紧密,体现出语篇较强的衔接力度;通过使用搭配这一衔接手段,使与语意相关的词汇频繁且可能连篇地出现,进而创造一定的语境环境。

以复现这一衔接手段为例,在教材中的体现如下。

Cholera used to be one of the most feared diseases in the world, until a British doctor, John Snow, showed how if could be overcome.This illness causes severe diarrhea, dehydration, and even death.In the early 19th century, when an outbreak of cholera hit Europe, millions of people died from the disease.As a young doctor, John Snow became frustrated because no one knew how to prevent or treat cholera.In time, he rose to become a famous doctor, and even attended to Queen Victoria when she gave birth.However he never lost his desire to destroy cholera once and for all.

重复在英语语篇中经常被使用,甚至每一篇英语阅读材料都会运用重复这一衔接形式。这一形式的使用能帮助学生解决同一类题目,如文章主旨大意或某一段落的主旨大意题。在上段文字中重复出现的单词有:John Snow, a British doctor, cholera, diseases,这就是词汇衔接中的重复(repetition)。从这些词中,大概可以推测作者想要讲述的是一位名叫John Snow的医生战胜霍乱这一疾病的故事。这些主题词不断地重复出现,能够促使读者迅速抓住段落主旨。

②语法衔接。语法衔接包括指称、省略、替代和连接。其中,指称即照应,是指在同一语篇中,一个成分和另一成分在照应意义上的相互说明的关系,也是一种参照现象。它通过代词、名词、形容词、冠词等词性来呼应所要指代的对象,使语篇前后衔接关系更紧密,是在阅读教学中使用频率较高的一种方法。例如:

Wherever I need help, my mother is always there for me and she often tells me

---

① Halliday, M. A. K. An Introduction to Functional Grammar(2nd ed.)[M]. London: Edward Arnold, 1994.

that I can be anyone I want, as long as I am confident of myself.

此处采用了人称指称，本句中的"she"指代前面的"my mother"，即人称代词指前面的主语，使语言变得更简洁。

替代是指为使语意更连贯，上文出现的一些词或句子以替换形式避免复现，同时也使上下文的衔接更加合理通顺。韩礼德和哈桑（1976）认为名词性替代、动词性替代和小句性替代是替代的主要内容。①例如：

Ideas and values gradually replaced the old ones from The Middle Ages.

此处采用了名词性替代，"ones"替代上文中的"ideas and value"，语篇中经常用one, ones, the one, the same等词来替代上文中的名词或名词性短语。

省略被称作零替代，在语篇中也被广泛使用。朱勇生（2001）认为省略是作者已预设该成分在语篇中的作用，即使省略，对方也能理解语篇且不产生歧义。②同时省略的运用也是有依据的。在遇到省略时，我们可以通过上下句的衔接关系，还原文章的整体内容。省略有三种形式：名词性省略、动词性省略和小句省略。例如：

I bought many different colors of shirts, but I like the yellow best.

此处采用了名词性省略，yellow后省略了shirt。根据上下文的衔接，即使省略了shirt，我们也能理解其句意。

连接又称逻辑联结词，是指句与句、词与词之间通过运用连接词，使句子符合一定的逻辑关系，达到更加通顺的目的。连接关系既是在语篇中较常用的一种衔接方式，也是运用最多且最复杂的一种模式。

胡曙中（1993）站在修辞的角度上，认为语篇的衔接主要通过表示时间、空间和逻辑顺序的连接词语把句子紧密联系在一起。③

韩礼德和哈桑（1976）将连接归纳为四类，即增补型、转折型、因果型和时间型。④这些连接词能够帮助读者厘清上下句之间的先后顺序。在语篇衔接中，词汇衔接往往和语法衔接相结合，使语篇成为一个有意义的、连贯

---

① Halliday, M. A. K., R. Hasan. Cohesion in English [M]. London: Longman, 1976.
② 朱勇生. 衔接理论在非英语专业英语阅读教学中的应用研究 [D]. 渤海大学, 2001.
③ 胡曙中. 英汉修辞比较研究 [M]. 上海：上海外语教育出版社, 1993.
④ Halliday, M. A. K., R. Hasan. Cohesion in English [M]. London: Longman, 1976.

的整体。只有当学生了解语篇衔接的手段，并在阅读中有意使用这一手段，才能更好地理解句与句之间、段与段之间的关系，扫清阅读中的语言障碍，进而提高阅读能力及阅读成绩。

（3）语篇衔接理论下的阅读教学

随着研究的深入，韩礼德和哈桑对语篇衔接的研究逐渐深入英语教学中。韩礼德和哈桑（1976）提出，依据语篇体裁和语篇结构来指导英语教学，并将其运用到大学英语教学中进行相关研究。实验证明，经衔接理论训练过的学生，其语篇衔接意识及连贯意识都得到了一定的提高。①

黄国文（1988）指出，阅读理解要考虑四个基本要素，即阅读目的、阅读过程、阅读成分和阅读模式。此外，他还强调从宏观和微观的角度来分析阅读中的衔接现象，以此为理论基础，探索出一种语篇衔接理论指导下的新的阅读教学模式。②

第一步，从宏观角度导入阅读教学。语篇是一个完整的、有一定关系的单位。所以，教师要引导学生从整体上把握语篇，而不是割裂地分析语篇内容。在这一阶段，教师通过文章标题或副标题引导学生从标题的语法层面和表面含义着手，对文章内容进行预测。文章标题是对文章主旨的简要概括，也是对作者思路和文章内容的简要描述。不同题材的文章需采取不同的方式进行语篇结构分析。在阅读教学中，教师应先引导学生快速浏览全文，确定文章体裁，再依据体裁类型，引导学生找到每段主题句。在确定文章体裁和了解该体裁主要特点的前提下，进一步理解作者的写作意图和写作目的。

通过不同体裁标题的特点，引导学生提前对即将要读的篇章进行熟悉和了解，以此减少阅读障碍。不同体裁文章的组织结构不同，章节排列和段落关系也有差异。胡壮麟（2001）提出，为培养学生预测语篇主要内容的能力，在教学过程中，教师应着重训练学生分析不同类型的语篇的框架结构及段落之间的逻辑关系这一能力。其中，记叙文通常以叙事为主

---

① Halliday, M. A. K., R. Hasan. Cohesion in English [M]. London：Longman, 1976.
② 黄国文. 语篇分析概要 [M]. 长沙：湖南教育出版社, 1988.

线，说明文以说明为主，议论文则以提出观点、寻找论据支撑观点为主要特点。①

教师需要以叙事为主引导学生对记叙文的语篇进行分析，即首先找出时间、地点和人物等主要信息，然后描述事情发生的起因、经过、结果，最后引导学生总结出作者要表达的观点、态度和评价。说明文则主要通过阐述概念来说明事物的特征、本质及其规律，传递科学的知识和严谨的态度。说明文具有条理分明、层次清楚、语言简洁、逻辑严密的特点，其主要通过定义法、分类法、因果关系法、对比法等方法客观地说明事物，进而阐释问题或现象。议论文以提出问题、分析问题、解决问题为主要顺序，因此，论点、论据和论证这三要素在议论文写作中缺一不可。根据归纳型、演绎型、演归型三种不同类型，议论文的论点、论据、论证在段落中的分布也有不同的特点。因此，如果学生能够分析和理解不同体裁的特点，对作者的写作意图和写作特点也就更容易把握。

第二步，从微观角度分析语篇。周静（2007）提出，微观分析阶段的教学，反对过分限制字词句知识的教学，这并不是要降低基础知识教学的作用和地位，而是让其成为学习创造自然篇章的有机组成部分。②这一阶段教师不仅要引导学生注意语篇中的词句知识点，还要涉及各个段落在层次方面的逻辑关系，进行推理的分析和教学。在语法层次方面，教师通过运用语法衔接中的指称、替代、省略和连接等，设置一系列衔接关系的问题，帮助学生把握上下文的逻辑关系，让学生不仅抓住文章细节，而且能更有效地提取文章主旨，让学生既熟悉文章细节又关注句与句之间的衔接关系，同时分析句子性质、逻辑关系、衔接词的选择，以此促进学生对文章的理解，这也符合语法衔接中提出的对句子、词汇或段落的理解必须以语篇为基础的原则。在词汇层次方面，通过词汇衔接中的复现和同现，引导学生用近义词、反义词、同义词等来进行生词猜测以及进行重难点句子的理解，有利于其对语篇中的关键词汇进行分析，了解重点词汇在篇章中的作用，深入了解词汇要表

---

① 胡壮麟.语篇分析在教学中的应用 [J].外语教学，2001（1）：3-10.
② 周静.浅谈外语教学评估标准 [J].外语界，2007（2）：60-62.

达的情感和文化特点，使学生可以更好地把握文章主旨大意。

第三步，读后巩固阶段。在这一阶段，教师要有意识地设置一些开放问题。例如，通过语法填空、复述文章、角色扮演、小组讨论等不同形式的检测活动帮助学生巩固前面所学内容。同时教师应充分考虑学生的具体情况，要布置合理有效的学习任务，这样不仅使学生加深对文章内容的印象，还可以有效地促进学生的语言组织能力的提高。

以上三个环节构成了基于衔接理论的英语阅读教学的新模式。即从宏观、微观、读后巩固这三阶段深入分析语篇，着眼于语篇的整体性，分析语篇结构，使学生能够掌握文章主旨，理顺发展脉络，进一步探究语言背后的社会文化意识，增强其语篇意识，进而提高其阅读能力和英语水平。在整个阅读教学环节中，这三步逐渐深入、缺一不可。

2. 连贯理论

连贯这种手段能够连接语篇中的意义和概念，它使语篇组成成分之间的关联变得紧密、顺畅和自然，使语篇语义发展清晰，合乎逻辑，是人们感受语篇构成的过程。

依据莱因哈特（Reinhart，1980）的看法，连贯是由三个要素组成的：连接（connectedness）、一致（consistency）和关联（relevance）。[1]连贯在语言形态、语义和语用上有着相互联系。连贯意味着在语篇中所表现的概念和关系必须是相互关联的，这使我们能够更好地理解语篇的深层含义。

黄国文（1988）提出，连贯是语篇分析中一项代表语义关联性的特征。这是一种语义上的概念，它可以通过交流来理解和传达，并根据我们所具备的常识和逻辑思维进行推理，进而理解语篇中的深层次结构。[2]

麦卡锡（McCarthy，1991）认为，连贯使语篇成为有意义的整体，而不是无意义的堆砌。[3]

---

[1] Reinhart T. Conditions for Text Coherence [J]. Poetics Today, 1980（1）: 161—180.

[2] 黄国文. 语篇分析概要 [M]. 长沙：湖南教育出版社，1988.

[3] McCarthy, M. Discourse Analysis for Language Teachers [M]. Cambridge：Cambridge University Press, 1991.

朱永生（1995）[①]认为，连贯不仅是某种无含义的感受，而是一项系统功能语言学的概念。

努南（Nunan，1999）[②]认为，连贯是指语篇中句子之间的关系。正是由于语篇的连贯特征，使得读者能够将其视为一个整体，而不是毫无逻辑堆砌的句子。在阅读的过程中，读者运用自身储备的知识、语境、文化背景、联想能力及逻辑推理能力，二次加工语篇，提炼其中的主要信息，进而更好地理解语篇。总而言之，连贯是指语篇在传达信息时能够流畅、连贯地表达出来。

只有在语篇上形成连贯的逻辑，将语篇的中心思想贯穿起来，才能更好地理解语篇。在日常的教学中，教师只有引导学生对课文、试题等语篇材料进行充分的分析，形成连贯的思维，才能使学生在阅读语篇时能够在第一时间就提炼出作者要表达的中心思想，进而把握语篇内涵。

（三）语篇分析与英语阅读教学中思维品质的培养

语篇教学是英语教学的主要内容，也是提升学生英语水平、锻炼学生语用能力、深化学生思维品质的重要途径之一。语篇是英语教学的基础资源，语篇中蕴含着语言学习所需的主题、情境和内容，不同的语篇体裁多以其特有的逻辑结构、文体特征和语言形式组织来呈现信息，并最终服务作者要表达的主题意义。所以，教师要做好教学设计就要有深度地研读语篇，准确把握主题意义、挖掘文化内涵、剖析文体特征和语言特点。因此只有重视语篇分析、钻研语篇，教师才能创设合理的学习活动，真正实现学生的思维品质培养目标。

语篇分析，即教师要深入研读语篇，具体来说，就是系统性地、有深度地解读语篇的主题、内容、文体结构、语言特点、作者观点等内容。通过文本梳理，教师要首先厘清三个基本问题：第一，语篇的主题和内容是什么？

[①] 朱永生. 衔接理论的发展与完善 [J]. 外国语（上海外国语大学学报），1995（3）：36-41.

[②] Nunan, D. Second Language Teaching and Learning Boston [M]. Mass: Heinle & Heinle, 1999.

即"What"的问题。第二，语篇的深层涵义是什么？也就是作者或说话人的意图、情感价值观是什么？即"Why"的问题。第三，语篇具有什么样的问题特征、内容结构形式、语篇结构和修辞手段？即"How"的问题。

其中美国语言学家威廉·拉波夫（W. Labov）的叙事语篇分析模式对教师深入解读叙事语篇有很大的借鉴价值和启发意义。拉波夫将叙事结构拆解为六大部分，包括点题（abstract）、指向（orientation）、进展（complicating）、评议（evaluation）、结局（resolution）和回应（coda）。在此叙事模式下，一个完整的叙事模式开始于点题和指向，主体部分以进展为主要内容，通过作者评议来烘托氛围，在结局部分结束情节，最后用尾声让读者重回现实。

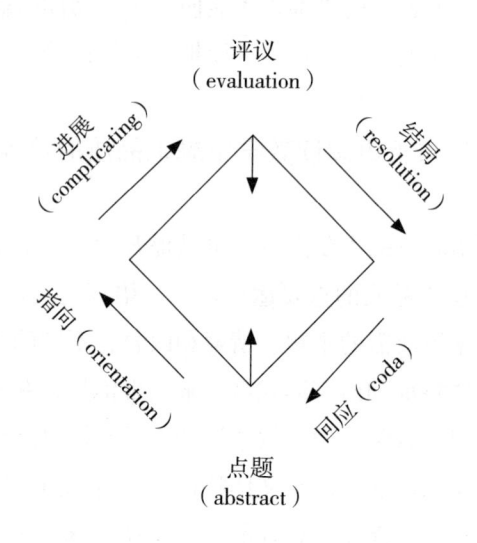

图3-1　拉波夫语篇分析模式

该模式下的六要素环环相扣，为叙事语篇搭建起了清晰的图式，使内容结构化、可视化。学生借助此分析模式，有效梳理故事发展脉络，逐步建立语篇意识，促进自身思维逻辑性和系统性的发展。除了上述拉波夫的分析模式，基于不同文体类型，语篇教学中可采用的模式和手段还有很多，如构图模式、信息结构分析以及连贯分析等。通过语篇分析进行阅读教学，培养学生的分析、归纳、综合和推理判断的能力，使学生充分调动其积极思维活动，由表及里、由点到面，逐步摆脱纯粹依靠语法逐字逐句地分析语篇的固有模式，引导学生从整体上把握语篇意义，促进其阅读水平的提高，使学生思维品质这一核心素养在课堂教学中得以养成。

当前，在知网上输入关键词"语篇分析"和"思维品质"，双重检索后，共找到60篇文献，这些文献研究的重点主要集中于中小学一线英语教师或中学教研员对语篇分析策略的操作应用研究。

叶莉莎（2019）的文章《在高中英语说明文阅读中运用语篇分析模式提高学生思维品质的实践》深入研究了在英语说明文阅读中运用语篇分析模式提高思维品质的策略。①在教师的引导下，学生以思维导图的方式呈现文章主线"what-why-how-effect-future"，并通过语篇分析抓住说明文的文体特征、主题词、主旨大意、文章脉络、题眼/命题点，理清文脉，了解段落关系和句间关系，提升学生的说明文研读能力和逻辑能力。

徐惠萍（2022）以2021年福建省中考试题为例，基于语篇型试题讲评课，重点剖析了说明文类、叙述类和论述类文体的语篇分析策略和方法，引导学生关注语篇类型，培养语篇意识。②

徐继田和张惠英（2020）在《基于语篇分析的思维可视化英语教学策略行动研究》中，对86名英语教师的语篇阅读课堂教学进行了行动研究，分别从基于语篇、深入语篇和超越语篇三个层面出发，在具体细化语篇分析的维度后，提出指导教师运用语篇分析的思维可视化策略，进而促进课堂教学转型和专业化发展。③

---

① 叶丽莎.在高中英语说明文阅读中运用语篇分析模式提高学生思维品质的实践：以The Dairy-free Milk为例 [J].英语教师，2019，19（9）：104-109.
② 徐惠萍.思维品质下初中英语语篇型测试题的评讲研究：以2021年福建省中考英语试题为例 [J].新课程导学，2022（4）：78-79.
③ 徐继田，张惠英.基于语篇分析的思维可视化英语教学策略行动研究 [J].基础外语教育，2020，22（4）：31-39+106-107.

第二节　图式理论

一、图式理论

不同时期的研究者都对图式理论概念做出了不同的释义。图式理论的发展历程可以分为以下三个阶段。

（一）原始阶段（1781—1970年）

"图式"这个概念最早可追溯至18世纪晚期。德国哲学家康德（Kant）于1781年在其著作中率先提出图式这一概念，并将其定义为"围绕某一个主题组织起来的知识的表征和贮存方式，是连接概念和感知对象的纽带"。[①]他认为，只有将概念和个人已知信息联系起来才有意义。"图式"是指通过图形、符号、视觉组合等方式，将信息或概念进行表述和传达的一种方法。它可以将抽象或复杂的概念以形象直观的形式呈现出来，有助于帮助人们更好地理解和记忆信息。图式理论（Schema theory）最早由英国心理学家巴特利特（Bartlett）在20世纪30年代提出，提出的背景可追溯到行为主义心理学和认知心理学的发展。在行为主义心理学盛行的时期，心理学家主要关注观察和研究个体外部可见的行为，而忽视了其内在的心理过程。然而，随着时间的推移，人们开始意识到行为主义的局限性，由此对心理过程的研究逐渐成为心理学领域的重要课题。

认知心理学的兴起为研究心理过程提供了新的框架。认知心理学关注人类的思维、感知、记忆和问题解决等心理过程，尝试揭示这些过程背后的规律和原则。然而，认知心理学的研究主要依赖实验室实验和控制条件，缺乏

[①] Kant, I. Critique of Pure Reason [M]. London: Macmillan Publishers Limited, 1781.

对现实世界中复杂的认知任务的解释。因此，巴特利特在20世纪30年代提出了图式理论，旨在解决认知心理学中的这一问题。[1]他认为，人类的思维过程可以通过图式（即心智图）来表示和描述。图式是由节点和连接线组成的图形结构，节点代表概念或信息，连接线表示它们之间的关系。通过构建和操作图式，人们可以更好地理解和解释复杂的认知任务。该理论主要探讨人类认知和记忆的过程。巴特利特认为，人们通过将新信息与已有的知识结构进行比较、匹配和整合来理解和记忆新信息。巴特利特将这种知识组织结构称为"Schema"，即心理模式。

早在20世纪60年代到70年代，科斯林（Kosslyn）、安德逊（Anderson）等学者就对图式理论进行了深入研究，并提出了更多关于"Schema"的概念和应用。科斯林提出了"Imagery"，即脑内想象的概念，他认为，当人们面对某个新事物时，就会试图在脑海中构建出一些基本的图片或意象，然后运用schema进行理解和分析。[2]

（二）扩展阶段（1970—1980年）

这个阶段主要是针对图式理论的扩展和应用，包括人工智能的其他方面，如推理、问题解决和学习等。随着计算机技术的发展，图式理论开始应用于人工智能领域，尤其是专家系统的设计中。

1980年，皮利希恩（Pylyshyn）和福多尔（Fodor）等学者进一步发展了图式理论，提出了"Mental models"的概念，即人们在头脑中建立的关于某种事物或情境的抽象模型。他们认为，人们不仅可以根据已有的schema来理解新信息，还可以运用schema来构建和推断未知的信息。皮尔逊（Pearson，1982）

---

[1] Bartlett. F. C. Remembering: A Study in Experimental and Social Psychology [M]. Cambridge: Cambridge University Press, 1932.

[2] Kosslyn, S. M. Information representation in visual images [J]. Cognitive Psychology, 1975, 7 (3): 341-370.

认为，图式是"人们听到或读到某些信息时在脑海中产生的景象或联想"。[①]

（三）现代阶段（1990年至今）

图式理论已经成为认知心理学、设计和可视化、交互设计、医学和健康科学和自然科学等领域的重要理论之一，主要如下。

认知心理学：图式理论是认知心理学中一个重要的理论框架，被用于研究认知过程、学习和记忆等问题。

设计和可视化：图式理论的理论框架可以应用于设计和可视化领域，帮助设计师和可视化专家创建更有效的视觉信息，并提高观众的理解和记忆能力。

交互设计：图式理论的相关理论和应用可以被应用于交互设计中，帮助设计者创建更好的用户界面和用户体验。

医学和健康科学：图式理论被用于医学和健康科学领域，帮助医生和患者更好地理解医学知识及相关健康信息。

自然科学：图式理论的相关理论和应用可以被应用于自然科学领域，如物理、化学、生物等，帮助科学家更好地解释和呈现复杂的科学概念和实验结果。

总之，随着时代的发展，人们对图式理论的理解越来越深入，应用越来越广泛，其理论框架和相关应用已经渗透到了众多学科领域，帮助人们更好地理解和应用视觉信息，提高学习和理解能力。

图式理论的理论框架主要以组织结构、知觉特性、语义表达和认知负荷为核心要素，旨在提供一种有效的图式设计和使用的理论基础，以帮助读者更好地理解和记忆信息。图式应该具有清晰的组织结构，以帮助读者更好地理解信息的组织和关系。这不仅包括图式的整体结构，如标题、标签、图例等，也包括图式中各个元素之间的组织关系，如大小、位置、方向等。首

[①] Pearson, P. D. Schema theory and the design of content area reading [J]. Educational researcher, 1982, 11 (6): 4-7.

先，图式应该具有高质量的知觉特性，即通过视觉感知可以清晰地表达信息。这包括颜色、形状、对比度、线条等视觉特性，以及图式中各个元素之间的空间关系等。其次，图式应该能够表达清晰的语义，以帮助读者更好地理解信息。这包括图式所表达的信息内容和意义，以及与文本之间的关系，如图式所解释的文本部分、所提供的补充信息等。最后，图式应该减少读者的认知负荷，以帮助他们更好地理解和记忆信息。这包括图式的简洁性、易于理解性等。

读者在进行英语阅读理解的过程中，要和阅读材料产生交互，就必须与阅读材料当中所呈现的图式建立联系，而这个联系往往和读者所处的语境、背景知识和文化环境有一定的关系。从阅读的角度来说，读者头脑中的图式可分为两类：内容图式和形式图式。要想顺利阅读，就必须在二者的交互作用下才能解码阅读材料，最后形成意义的构建，与文本实现信息的传达，具体如下。

（1）内容图式。内容图式是指语言的意义和文化背景知识，是阅读者对文本的主题和内容的了解程度。如果缺乏对内容图式的积累和构建，即使有丰富的语言图式，阅读者也很难完成整体的阅读理解任务。

（2）形式图式。形式图式是指阅读材料的体裁和篇章结构方面的知识。特定的语言内容通常需要特定的语篇形式或体裁才能将其表述清楚，所以阅读者如果经过训练熟悉各种语篇模式后，在大脑中形成各种形式图式，就能帮助其在语言图式和内容图式较为缺乏的情况下对阅读内容进行预测及逻辑推理，从整体上把握文章大意。阅读理解的两种图式相辅相成，只有当它们共同作用时才能发挥出最优的阅读理解水平。

图式理论对英语阅读教学的理论贡献主要体现在以下几个方面。

第一，提高学生的阅读理解能力。图式理论指出，图式的设计应该符合人类视觉认知规律，从而使图式更加易于理解和记忆。将图式运用到英语阅读教学中，可以帮助学生更好地理解英语文本，提高阅读理解能力。

第二，丰富教学内容。通过图式的应用，可以丰富英语阅读教学的内容。图式可以用于表达各种语言形式，如数字、统计数据、时间线、概念等。通过图式，学生可以更加直观地了解英语文本所表达的信息，提高对文本的全面理解水平。

第三，提高学习效率。英语阅读教学中，学生需要花费大量时间来理解和记忆文本信息。图式可以通过提高信息的可视化程度，减轻学生的认知负荷，从而提高学习效率。

第四，拓展教学方法。图式理论的出现促进了教学方法的拓展。通过图式的应用，可以采用更加多样化的教学方法，如图片解读、图式配对、图式翻译等，有助于提高学生学习的积极性。

综合来看，图式理论在英语阅读教学中的理论贡献主要体现在提高学生的阅读理解能力、丰富教学内容、提高学习效率和拓展教学方法等方面。通过图式的应用，可以帮助学生更好地理解英语文本，提高学习效率。

二、图式理论指导下阅读策略的国内外研究

（一）国内研究

关于图式理论下的阅读教学，国内有多位学者做过相关研究。以下是其中几位的代表性研究及结论。

程晓堂和郑敏（2002）指出，图式理论对阅读教学的影响很大。由于读者的已有知识在阅读过程中起到了重要作用，那么教学活动就要以唤起学习者头脑中的图式为目的，通过对文章题目、插图、关键词等线索进行讨论，激发学生搜寻已有的知识背景并进行积极的预测，这样就可以弥补其词汇语法层次的不足，突破逐字逐句所造成的理解问题。[1]

刘红霞（2008）具有丰富的英语教学经验，在阅读策略的应用方面提出了三个重要的观点：一是教师要创造有利于激励学生去探究英语阅读策略的条件；二是要有意识地对学生进行关于英语阅读策略应用方面的培养；三是必须高度重视教学细节以及文章结构，培养学生对阅读策略的运用。她指

---

[1] 程晓堂，郑敏. 英语学习策略 [M]. 北京：外语教学与研究出版社，2002.

出，培养学生运用英语阅读策略的能力，是一个漫长的过程，对学生的要求也比较高，学生需要具备较强的探索意识，在持续的学习和实际锻炼中对其进行反复应用，最终达到理想的效果。

很多学者也在图式理论与英语教学的交互作用上做了很多研究。

顾秀玲（2011）指出，图式理论认为阅读理解的过程就是新信息与大脑中原有知识相互作用的过程。[①]

安维或（2013）就阅读策略、阅读成绩以及阅读焦虑之间的关系对高职的学生进行了数据统计，得出"阅读成绩和阅读策略之间存在着正相关关系，在教学过程中老师应该引导学生更多地使用阅读策略"的结论。一方面，课堂学习氛围浓厚，学生在阅读中能够根据教师的指引，主动参与阅读活动，并运用图式理论突破阅读中的难点，理解文本知识。另一方面，学生参与学习的热情高涨。在她的研究中，安维或强调要善用不同的结构，梳理语篇内容，建构图式课堂，促进意义理解。[②]

通过分析图式理论与阅读理解的关系及学生在英语阅读中存在的困惑，笔者认为：英语阅读教学应以图式理论为依据，采取帮助学生建立丰富的语言图式、内容图式和修辞图式的方法，提高学生的阅读理解能力。

国内许多研究表示，运用图式理论进行教学能有效提升其对学生的影响。

史林（2008）对图式理论运用于高职学生英语阅读理解进行了实证性研究，得出结论：图式理论在高职英语阅读教学中具有很强的应用性，对提高学生的英语阅读理解能力有很大的影响力。[③]

张淑静（2009）在大二与高二对阅读策略的使用情况上进行了对比研究，证明使用阅读策略会使学生的阅读水平和阅读能力得到大幅度的

---

① 顾秀玲.浅谈图式理论对英语阅读教学的启示 [J].世纪桥，2011（1）：91-92.
② 安维或.高职生阅读认知策略的应用：在阅读成绩和阅读焦虑中的作用 [J].云南教育学院学报，2013（2）：45-48.
③ 史林.图式理论在高职学生英语阅读理解中的应用研究 [J].湖南工业职业技术学院学报，2008，18（3），96-98.

提高。[1]

杨一兰（2008）指出学生存在的阅读障碍，探讨了基于图式理论的阅读教学策略，并通过实验验证了该策略能够提高学生的阅读水平。[2]

依据奥马利和查莫特（O'Malley & Chamot）在此方面的研究，卢婷婷（2011）以高二的学生作为研究对象，采取问卷调查方法，得出了"绝大多数学生对于阅读策略的使用仍然处于无意识阶段，阅读策略在阅读时不能积极地使用"的结论。更多学生使用的阅读策略是其中的认知策略，使用社会情感策略的人数相对较少。学生使用什么样的阅读策略，对其最终的学习成绩会产生深刻的影响，二者之间存在着显著的关系，它与阅读策略的使用效果密切相关。[3]

陶慧（2020）提出图式理论在英语阅读教学中的应用策略，包括情境引导、图像设计、预习训练、阅读指导和后续拓展。她认为，图式理论可以较好地引导学生建立起个人对阅读文本的认知框架，提高英语阅读能力。[4]

总体来说，国内学者在"图式理论下的阅读教学"方面的研究表明，图式理论有助于优化阅读教学，从而激发学生观察力和思维力。

（二）国外研究

图式理论（Schema Theory）指的是学习者在阅读过程中，通过已有的知识、经验和记忆来构建理解能力。以下是一些针对图式理论在英语阅读教学中的研究以及结论。

美国著名学者夫雷尔（Carrell, 1989）对英语作为第二语言学习的主导策略进行了研究，得出以下结论：通过比较文章在阅读和理解之前的意义和相关性，结合过去所掌握的旧知识以及学习到的新知识，可以显著提升阅读

---

[1] 张淑静. 大学英语阅读策略使用情况的调查与比较分析 [J]. 山西大学教育科学学报，2009（4）：97-99.
[2] 杨一兰. 在图式理论指导下的高中英语阅读教学策略 [D]. 武汉：华中师范大学，2008.
[3] 卢婷婷. 高中英语阅读策略使用现状分析 [J]. 理论探讨，2011（6）：42-46.
[4] 陶慧. 图式理论在英语阅读教学中的应用 [J]. 美食天下，2020，25（3）：153-154.

者的阅读能力。[①]

克罗尔（Kroll）和科瓦兹（Keshavars，1990）表示，图式理论是英语阅读教学中的一个重要组成部分，并建议教师在课堂中使用各种类型的图式，以帮助学生理解英语文本。[②]

科达和泽勒（Koda & Zehler，2008）的研究表明，对将英语作为第二语言（ESL）学生来说，使用图式可以增强他们的词汇学习，特别是在涉及抽象概念的情况下。[③]

吴（Wu，2016）的研究探讨了使用图式来教授英语写作的效果，并发现使用图式可以帮助学生更好地理解和运用语言知识，提高他们的写作能力。[④]

伊尔德里姆和希姆塞克（Yildirim, I. & Simsek, E.，2018）的研究表明，通过使用图式来教授英语语法知识可以提高学生的语法掌握程度，促进语言学习的长期记忆和应用。图式能够帮助学生更好地理解语法概念，减轻学习负担，提高学习效率。[⑤]

郭（Kuo, Y. L.，2019）的研究发现，使用图式可以帮助学生更好地理解和记忆英语阅读材料中的重点信息与主题思想，促进其英语阅读理解能力的提高。同时在英语阅读教学中使用图式还可以提高学生对文本信息的感知

[①] Carrell, P. L. Metacognitive awareness and second language reading [J]. The Modernlanguage journal, 1989, 73（2）: 120-131.

[②] Kroll, B. M. & Keshavarz, M. H. Foreign-language and ESL reading research: Areview of the past thirty years [J]. Teaching English as a second or foreign language, 1990, 2（1）: 1-20.

[③] Koda, K. & Zehler, A. M. Cognitive and linguistic factors in second languagereading: Implications for second language literacy instruction [A]. In Learning to read across languages: Cross-linguistic relationships in first-and second-language literacy development [C]. Routledge, 2008: 102-128.

[④] Wu, Y. T. The effectiveness of using dual coding theory in teaching English writing [J]. English Language Teaching, 2016, 9（8）, 157-167.

[⑤] Yildirim, I. & Simsek, E. Using diagrams to teach English grammar: The effects onstudents'grammar achievement, long-term retention, and application [J]. Journal of Education and Practice, 2018, 9（9）: 72-79.

和组织能力，促进语言学习的有效性。①

总之，这些研究者均认为图式理论在英语阅读教学中具有积极的作用，可以帮助学生促进语言学习，发展阅读能力，更好地理解英语文本。

第三节 多模态理论

一、多模态

"多模态"（multimodality）这一术语在近年来得到了广泛的关注和使用，国内外的专家、学者们对其有不同的见解和定义。

万利文（Van Leeuwen）认为，多模态指不同符号资源的整合，又或是把一些模式符号整合在一起完成沟通和交流。鲍德和蒂博（Baldry & Thibault）则表示，多模态是指在一个特定的文本中，不同的符号资源共同构建意义的各种方式。

国内的专家学者对多模态也持有不同的认识。

李战子认为，多模态是包含文本、图像、图表等的复合话语，或者是由一种以上的符号编码实现意义的文本。②

顾曰国认为，模态是指人类感官之间相互作用的方式，他以使用的感官的数量来确定模态类型，表示三个或以上的感官进行互动的叫多模态。基于此，他特别指出正常人之间的互动都是多模态的。③

---

① Kuo，Y. L. The effect of using diagrams on enhancing English readingcomprehension [J]. Journal of Curriculum and Teaching, 2019, 8（2）：1–11.

② 李战子. 多模式话语的社会符号学分析 [J]. 外语研究，2003（5）：1–8+80.

③ 顾曰国. 多媒体、多模态学习剖析 [J]. 外语电化教学，2007（2）：3–12.

张德禄对多模态话语界定，认为多模态话语指运用听觉、视觉、触觉等多种感觉，通过语言、图像、声音、动作等多种手段和符号资源进行交际的现象。①

结合以上学者的观点，本书将多模态界定为：两种以上的符号系统或者感官系统相互作用的形式。

二、多模态语篇

随着信息技术与教育教学的融合，多模态语篇在多模态的基础上应运而生。

马西森（Matthiessen）指出，语言本身就具有两个表达模态的特殊符号资源，人们在使用语言制造意义时，可以选择书面视觉模态或是口头听觉模态两种模态。

吕行认为，多模态语篇实际上可以理解成是多模态化的语篇，即为两个或两个以上的符号资源系统通过互动和整合形成的语篇，是一种承载这种交际产物或过程的载体，如教科书、广告、电影等。

《普通高中英语课程标准（2017年版）》中指出，语言教学中的语篇通常以多模态形式呈现。②

《义务教育英语课程标准（2022年版）》提到，语篇类型不仅可分为口语与书面语等形式，还可以分为文字、音频、视频、数码等模态。③

---

① 张德禄. 多模态话语分析综合理论框架探索 [J]. 中国外语，2009，6（1）：24-30.
② 中华人民共和国教育部. 普通高中英语课程标准（2017年版）[M]. 北京：人民教育出版社，2018：18.
③ 中华人民共和国教育部. 义务教育英语课程标准（2022年版）[S]. 北京：北京师范大学出版社，2022：25.

综合以上学者观点，本书将多模态语篇界定为：由多种模态资源协同建构意义的语篇。

三、多模态语篇教学

结合"多模态"与"多模态语篇"的概念界定，多模态语篇教学的过程就是多种模态交互作用，建构语篇完整意义的过程。因此，多模态语篇教学可以理解为教师利用多模态语篇调动学生的多维感官，实现多维互动，对语篇的意义进行整体建构的过程。①

四、多模态话语分析理论与英语阅读教学

1978年，系统功能语言学创始人韩礼德率先提出了社会符号学概念，经过众多学者的进一步阐释和发展，发展了社会符号学理论。随着现代科技的发展与现代交际手段的变化，多模态语研究就变得越来越重要，许多语言学家开始将研究重点转移到多模态上来，多模态话语分析理论得到了蓬勃发展。张德禄教授在已有研究的基础上，通过对实际教学案例的分析与研究，初步构建了一个多模态话语分析理论框架。

首先，多模态话语分析理论框架主要由文化层面、语境层面、意义层面、形式层面和媒体层面五个层面构成。其次，多模态话语分析理论探讨了多模态话语的两个媒体系统（语言媒体和非语言媒体）之间存在的互补性和非互补性两种关系。最后，多模态话语分析理论探讨非语言模态的语法结构

---

① 薛霏霏. Halliday语境理论视阈下的多模态语篇教学 [J]. 中小学英语教学与研究，2021，000（5）：23-26，42.

的建立、关系以及意义。

　　多模态话语分析理论对多模态语篇教学以及学生"看"技能的培养具有一定的指导作用。学生理解多模态语篇需要依靠"看"技能，教师处理好语篇中的不同模态以及内部诸要素之间的关系，使不同模态形成高效互动，同时规避某些模态的消极影响，就能使得学生"看"得更精准、更高效，促进"看"技能的培养提质增效。

第四章　大学英语阅读教学中学生思辨能力的培养策略

在大学英语阅读教学过程中，教师需要利用一定的教学策略来培养大学生的思辨能力，如自主学习策略、深度学习策略，以及掌握略读、跳读、精读、寻读等，帮助学生采用合理的方式提升自身的英语阅读能力。

第一节　提倡自主学习

一、自主学习的定义

当前，自主学习不再仅作为一种学习方式在学习领域存在，其往往被视作一种课程论领域的课程目标，并作为一种教学论领域的教学方法。因此，有必要对自主学习进行界定。在本书中，自主学习主要被视作一种学习方式，而学习方式对学习者而言是比较偏爱的东西，是学习者在学习中表现出来的东西，是个人特点与学习倾向、学习策略的综合。

简单来说，本书所说的自主学习主要是基于教师的指导，运用元认知策略、动机策略与行为策略三大策略，进行主动学习的一种手段。一般来说，这一定义可以理解为如下几个层面。

（1）首先需要界定这三种策略。所谓元认知策略，即自主学习者在获取知识的过程中制订学习计划、确定学习目标、组织自身的学习、对自己的学习进行监控与评价。这些程序使得他们的学习更具有自我意识性与见识性。所谓动机策略，即学习者展现的自我抱负与自我效能，以及对自己的学习是否感兴趣。在他人看来，这些学习者也是激发自己能力的人，他们越是努力，越是持之以恒，越能够坚持下去，越能够取得好的学习效果。所谓行为策略，即学习者对学习环境进行选择、组织与创造，他们向他人进行咨询，并筛选适合自己的信息，为自己创造合适的学习环境。他们往往通过自我指导来进行学习，并对自己的计划进行执行。

（2）对这三种学习策略，学习者往往是自觉运用的，即他们在学习中往往是有意识地对这三种策略加以运用，这就是虽然很多学生的学习已经涉及了自主学习的成分，但是还需要不断提及的原因。但是，很多学生的自主学习并不是有意识的，他们往往是无意识的。

（3）学生的自主学习往往需要主动，并且通过主动地学习来达到一定的成效。主动首先表现在学生的学习动机是被激发出来的，其次表现在学生对各种学习策略的运用。要达到一定的成效即有效性，这需要学生通过自主学习来不断提升自身的能力，他们能够随时根据学习任务的难易程度，对学习方法进行调整。

二、大学生英语阅读自主学习能力培养

（一）完善英语阅读网络学习评价机制

在建构主义理论中，一种改进的网络学习评估机制允许学生自己登录网络学习平台并查询网络学习的时间、学习的内容、测试的结果和其他信息。

同时学校教师可以利用网络监控及时评估和鼓励学习者，这是一种有效激发学生热情、完成学习计划的一种重要手段。学生可以通过制订学习计划和目标来达到学习成果。为了实现良性循环，教师可以对研究计划进行及时的评估、自我反省和积极调整。组织者开发的评估系统不仅必须得到合理的改进，还可以详细记录每名学生的任务完成的情况，并及时发现作弊的人。学校可以成立监管小组，为学习者提供一些英语网络自主学习所必要的参考资料，帮助学生更好地完成学习任务，使学生逐步形成一套优秀的学习方法，学会自我评估和监督。

（二）开展英语阅读翻转课堂

通过部署网络预先学习作业，学习者可以使用网络学习平台在课前学习文本，搜索信息，进行听和说学习和练习、学习内容测试等。在课堂课程教学中，学生应该向教师报告学习情况，然后教师组织专门的答疑，这种形式被称作翻转课堂，它是一种促进大学生英语网络学习的高效方法。在翻转课堂中，教师和学生都变换了角色，教师不再只是知识的叙述者，而是协助学生自主学习。大学生转变为课堂学习的主要角色，从被动接收知识的听众，转变为主动参与知识学习的对象。这种方式为大学生英语网络自主学习创造了良好的环境，大幅提升了学生学习的积极性。同时，也培养了大学生的思维能力，使他们更好地掌握自主学习的技能，真正学会自主学习。

第二节　加强深度学习

一、深度学习

（一）深度学习的内涵

对深度学习的关注同时存在于技术领域和教育领域，但二者的内涵大相径庭。在技术领域，深度学习指机器学习的一个算法，主要应用于文字、图像和语音的识别、机器翻译等方面。在教育领域，深度学习是以促进知识迁移、培养学习者高阶能力、提升学习质量为目的的一种全新教育理念与学习方式。

深度学习理论在教育领域最早出现于20世纪50年代中期，在瑞典工作的两名美籍专家在哥德堡大学开展了大量试验，随后他们在1976年出版的《学习的本质区分：结论和程序》一文中提出，研究者获得和加工信息的方法可分成深度学习（Deep Learning）和浅层学习（Surface Learning）。[1]相对而言，中国国内深度学习的研发晚于国外。2005年，黎加厚教授在《促进学生深度学习》论文中，从布鲁姆的教学目标分类学的角度界定了深度学习，他提出："深度学习是指在知识掌握的基础上，研究者可以批判性地掌握新的观念和事实，并把其渗透到自身的认知结构之中，可以在许多观念之间展开连接，也可以把现有的认识转化到全新的环境之中，进行判断与解决问题的学习。"[2]这一定义也得到了学术界的认同，同时该文被认为是国内较早介绍并梳理深度学习概念的研究成果。结合目前人们对深度学习的理解，深度学习是一种积极的、批判性的、高效和有意义的学习方法。在学习模式上，深度

---

[1] 何玲，黎加厚.促进学生深度学习[J].现代教学，2005（5）：29-30.
[2] 何玲，黎加厚.促进学生深度学习[J].现代教学，2005（5）：29-30.

学习需要由学习者内在驱动力所引起的，与学习情境之间的主动互动；在学习过程上，学习者需要高度投入认知加工和问题解决过程；在学习结果上，学习者能够以积极的学习情感体验掌握学科核心知识，从而有效提升高阶思维能力。[1]

深度学习是一种对新概念以及新事实存在着批判性的学习方法，其将新的知识和传统的知识结构相结合，并将现有的知识转移到新的环境中，使学生学会如何做出决定、如何解决问题。深度学习首次出现在人工神经网络领域，是机器学习领域非常热门的一种方法，应用在教学中，深度学习理念就是一个将学习层次更加深入的过程，"学习"是学生日常校园生活的常态，学习是一个认知的过程。"深度"的意义在于，它既研究了知识背后的机理，又强调明白知识背后的逻辑。深度学习与浅层学习是两个相对的概念，深度学习更注重学生能否深入地解析书本知识，理解书本中所包含的价值与内涵，并从表层信息中培养学生的学科核心素养、理解能力以及认知能力。大学英语深度学习是大学生对英语知识进行深度挖掘的基础上，对所学内容进行深刻的认识，将系统化知识融入自身的知识体系中，并学会如何运用，如何掌握，深刻理解深度学习的重要性。对大学生来说，在英语课程中进行深度学习可以帮助自己加深对英语的认识，促进英语学习，熟练地运用英语，提升自身核心素养。

总之，本书认为："深度学习是指在教师引领下，学习者在认知的基础上批判性地掌握新内容，并对一个富有挑战性的知识课题，全身心积极参与、获得成果、得到提升的有兴趣的学习活动。"[2]

（二）深度学习的特征

1. 理解性创造，批判性评价

深度学习概念具有理解与批判性的特点，对知识点原理、含义的把握是

---

[1] 沈霞娟. 促进大学生深度学习的混合学习设计研究 [D]. 西安：陕西师范大学，2021.
[2] 郭华. 深度学习及其意义 [J]. 课程·教材·教法，2016, 36（11）：25-32.

深度学习概念的一个重要组成部分，而在大学英语教学中，学生的学习习惯以死记硬背的方式为主，这种学习方法并不能真正内化英语学习。针对以上问题，深度学习思想具有创造性和评估性，它的主要目的是培养学生的综合学科素养，让英语与生活融为一体，这就需要教师在课堂教学中培养学生的社会性行为，注重学生的成长、发展和提高，激发学生的创造性思维。深度学习要求学生用心分析、理解、感知，运用批判思维进行质疑、发现、积极开展讨论，将理论知识与实际活动相结合，并根据生活经验、学习经验进行判断分析，通过论证、评价、联想等方法来培养学生的正面情绪和文化价值，帮助学生提高学习成绩，达到学习的最佳效果，培养学生分析和解决问题的能力，能够理解和记忆主要知识点。

2.迁移应用，整合构建

深度学习概念具有"迁移"与"应用"的特点，应用知识的特性转移是学生拓展自身"知识体验"、实现学习"内化"的最好方式，从而达到"学以致用"的目的。教师应在知识整合和理解的基础上，通过间接体验的方式对书本上的知识进行深入阐释，充分利用深度学习观念中的整合与建构的特点，整合其学习重点，对教学内容进行归纳与梳理，将零散的问题整合起来，让学生不再把自己的知识看作是零散的、孤立的个体，而是将它们串联在一起，形成一个逻辑完整的整体。

综上所述，深度学习观念鼓励对原有的知识进行加工处理和迁移应用，使学生能够进行创造性的探究，将新的知识和旧的内容相结合，形成一个更为系统的知识体系，完善整体学习框架。可见，深度学习有助于对学生进行学科思维、创新和应用能力的训练，使其判断问题中存在的关键要素，培养学生在实践中积极利用所学知识，促进学生全面发展。

（三）深度学习的过程

美国教育心理学家本杰明·布鲁姆（Benjamin Bloom）首创"教育目标分类法"，将教育目标划分为认知、情感、动作技能三个领域，并共同构建了教学目标系统。其中，认知范畴的教学目标由低至高包括六大维度：识记、理解、运用、分析、综合和评价。黎加厚教授特别强调，浅层教学的认知水准停滞在认识和感知上,而深度教学的认知准则相应在后四层,即应用、分析、综合、评价。[①]

吴秀娟等人结合加涅的九段教学论以及国外研究者对深度学习框架的构想,建立了一种全新的深刻教学流程,其包含九个步骤,即注意和预测、激发原有认识、选择性认知、融合新认知信息、批判分析、认知的建立或转换、应用、创造、评价。[②]其中,"整合新认知信息""批判分析""知识的建立或转换"有助于深入加工新认识。"应用"与"创造"是深度学习的高阶表现,"评价"贯穿整个学习过程。

本书结合前人研究与深度学习的内涵特征,将深度学习的过程归纳为以下五个环节,如图4-1所示。

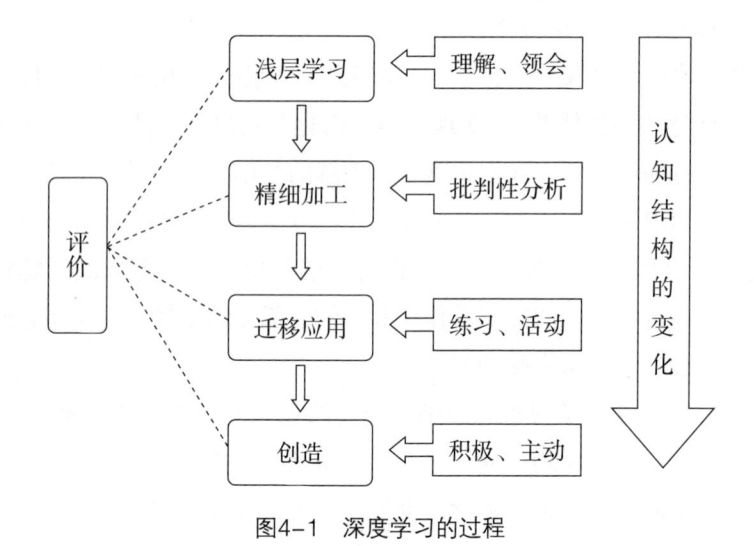

图4-1 深度学习的过程

1.浅层学习

通常学习者开始学习新知识时处于浅层的学习阶段。该阶段是深度学习的起点,能够起到铺垫作用,扎实的基础知识有助于学习者更有意义地进行深度思考。

---

① 何玲,黎加厚.促进学生深度学习 [J].现代教学,2005(5):29-30.
② 张浩,吴秀娟,王静.深度学习的目标与评价体系构建 [J].北京:中国电化教育,2014.

2. 精细加工

在实现深度学习的过程中，学习者需要对知识进行精细加工。"精细加工"是指在充分理解知识的前提下，批判地对信息的意义进行加工。知识的精细加工是深度学习的初始阶段。

3. 迁移与应用

不论是浅层学习还是对知识的精细加工，都是为了能够解决实际的问题，可以针对具体的实际问题，更有效地利用知识。因此，正迁移的大量产生有助于学习者巩固所学知识，将知识有效地用于问题解决中，从而提高学习者的综合应用能力。

4. 创造

创造是深度学习的最高层次，也是教育的主要目标之一。创造指的是个体利用一定的表里条件，形成或生产独特、新奇、有社会和个人价值的新结构、新模式或新产品，学习者的积极性和主动性是实现创造的基础。

5. 评价

评价是对学习的反馈方式，反馈极大地促进了课程结束时最终考核成绩的提高。[1]评价贯穿整个教学的流程中，通过对学习者行为的监测调节、判断反馈和总结来调动学习者的学习动机，保障了深度学习的实现，从而促进每名学习者的发展。

二、指向深度学习的高校英语阅读教学创新策略

（一）合理应用探究问题，引导学生深度学习

问题是引发人们思考的契机，更是教师与学生之间进行互动交流的有效

---

[1] Mc Carthy, M. T. Form of feedback effects on verb learning and near-transfer tasks by sixth graders [J]. Contemporary Educational Psychology, 1995, 20（2）: 140-150.

载体，在英语阅读课程教学的过程当中，往往会选择合理应用一些探究性问题对学生进行检验，检验的内容无非就是学生对词汇和阅读内容的理解与掌握程度。反之，学生也会在特定情形下向教师提出问题，或是表达自己对阅读文章的想法、疑惑或者感受，在一来一往之间，学生就通过与教师一起分析、研究和解决问题，更好地掌握所学内容，提高自身的英语阅读能力。深度学习理念和视角下的英语阅读教学，教师应该在原有的教学基础上赋予问题新的应用功效，去引导学生展开深度学习。教师应根据教材内容，结合学生当前的实际学习情况和需求，在备课阶段就精心设计好相应的探究性问题，等到正式上课时再层层递进地提出问题，这将更有助于教师提高学生的求知欲，加强对学生的深度学习引导。

（二）以合作活动的优化促进学生深度学习

合作教学这一模式和方法如今已正式进入英语阅读课堂中，在一定程度上给原有的英语阅读课堂带来了新的生机和活力，科学合理地使用这一教学方法，不仅能优化英语阅读课堂的合作活动，也能有效促进学生更深度地去进行学习和发展。在实际教学过程中，教师可以根据教材内容设定有针对性的合作主题，再组织学生围绕合作主题以小组为单位进行合作学习，让学生在与自己和同学的交流讨论中，不知不觉地深入英语阅读文本中进行学习，将会更有助于学生对文本内容的理解和掌握，进而有效提高学生的课堂阅读学习效果。

例如，小组内一对一对话问答既能有效增加阅读课堂的活力，更好地活跃课堂学习的氛围，又能让学生在这样的学习环境和氛围渲染下，充分地发挥自身的学习主观能动性。一旦学生的学习主观能动性得到更充分的发挥，学生自然而然就能成为热情的学习者，整个课堂教学的效率和质量也能因学生高涨的热情和源源不断的学习动力得到更大程度的保证及提高。选择这种课堂教学模式，让学生以合作的形式自主展开课堂讨论和对话，教师只需要做好辅助者的角色在一旁进行监督和引导就可以，如在学生发音不准确和使用句型有问题的时候及时地进行指导与帮助，既能在一定程度上减轻教师的教学压力和任务，又能让学生更加积极主动地在合作模式中进行学习，还能促进学生更深入地学习和理解文章内容中所涉及的对话，非常有助于英语阅读课堂教学效率和质量的双向提高。

（三）创设更真实的教学情境，强化教学演示提高学生兴趣

要通过教学让学生善于从亲身经历过的事情中去进一步了解和探究知识的本质和内涵，针对这一教学要求，教师不仅要在课堂上将基础的英语阅读理解知识进行充分且详细的讲解，更要注重学生知识形成的过程，相比单方面向学生进行知识灌输和传授，引导学生在学习的过程中更积极主动地进行发现、感受、探索，学生对知识的学习和认知将会得到更大程度上的深化。目前所使用的英语教材中基本上都会安排一些与学生现实生活息息相关的阅读内容，因此教师完全可以有效借助多媒体教学设备和信息技术教学手段，联系课文内容和学生的实际生活去创设更真实有趣的教学情境进行授课。在有效强化课堂教学演示、提高学生学习兴趣的同时，还能让学生更直观地看到文章中所描述的场景，让学生在学习过程中不自觉地去联想自己曾经经历过的类似事情，促进学生不知不觉地在脑海中进行知识迁移，将会更有助于学生快速且深入地了解和掌握文本的主题及内容。

（四）融入传统文化内容，推进文化教学

在高校英语教学过程中，教师应当结合高校英语教学的特点，基于教材知识内容，适当向学生渗透传统文化教育，使学生在熟练掌握教材知识的基础上，还能够接受传统文化教育，优化自身的学习思维。另外，传统文化教育在高校英语课堂上的渗透，不仅能够使学生更好地感知我国优秀历史文化的魅力，也能够促进其在进一步的学习与发展中对传统文化产生强烈的兴趣，从而提升自身自主学习的欲望。

1.创设传统文化教学情境，提升学生阅读理解能力

基于高校英语教学的基本目标，教师可以在阅读教学过程中合理渗透情境化教学，根据文章的核心内容，选择一些直观、形象的知识内容，结合阅读的主旨进行情境创设，引导学生借助简单的知识，进行合理迁移与应用，

从而实现阅读效率的提升。教师需要提前审视文章的基本内容，寻找教材内容中学生需要理解的关键部分，通过合理转化，引导学生感受对相同知识的不同理解方法，并积极地抛出问题，供学生进行自主考查与分析，从而在课堂上有针对性地听讲，辅助学生理解本章节的重难点内容，有效引导学生开展有针对性的学习与巩固。

2.基于传统文化教育模块，突出传统文化教育意义

由于英语知识难度不断提升，学生在阅读学习中遇到的问题与困难也会逐渐增多。大学阶段，教师应该有意识地培养学生良好的阅读习惯，不断提升学生的阅读能力。传统文化教育模块的构建，既能够优化课堂教学的传统模式，又能够为学生带来全新的阅读方法，极大促进了英语阅读理解教学效率的提高。

3.合理运用探究式教学法，有效渗透传统文化内涵

高校英语教材中的知识本身就比较繁杂，相对其他学科来讲，知识更加抽象化，学生更不容易理解与掌握。探究式教学法在高校英语阅读教学中的应用，能够不断提升学生的自主学习能力。教师应该积极转变传统的教学思维，教师应该全面把握高校英语阅读教学的目标，将教材中的重点知识内容整理罗列出来，供学生进行自主学习，教师可以先让学生通过自主学习与小组合作进行预习及探讨，然后再进行相关知识点的讲解。同时，在实际的教学过程中，教师也不应仅引导学生学习教材的基础知识，而应该根据传统文化教育的实际目标，有效对学生开展传统文化教育，促使学生更好地感知传统文化在高校英语阅读教学中的实际作用。在开展具体教学时，教师可以为学生构建传统文化交流的模块内容，使得学生对我国传统的文化节日产生更加深刻的理解与认知，促使学生了解传统文化节日的基本来源与内涵，从而更好地落实新时代的基本教学目标。

4.基于中华传统文化传承，有效渗透传统文化教育内容

近年来，随着我国综合国力的不断提升，英语在我国的应用范围逐渐扩大，国家对英语方面人才的需求也逐渐增加。所以，随着新课程理念的不断推行，英语教学在各个教育阶段都产生了更高的目标与要求。中国作为四大文明古国之一，有着上下五千多年悠久的历史，教师在现阶段英语教学过程中，应当基于文化传承，有效在课堂教学中渗透传统文化的魅力与内涵。

5.树立弘扬传统文化思想，优化传统文化教育观念

近年来，随着我国教育理念的不断推行，传统文化教育已经成为各个教育阶段的重要组成模块。教师应当树立正确的传统文化思想，努力优化传统教育观念，根据高校英语教学的特点，有效选择传统文化内容，更好地向学生展示我国传统文化的魅力与内涵。同时，教师也应当正确选择相应的载体，不能够平铺直叙地向学生开展传统文化教育，而应当结合教材的具体知识，适当对传统文化进行引入。这样一来，学生便会以更高的积极性投入传统文化知识学习中，能够更好地落实素质教育的要求。

6.渗透传统文化内涵，激发学生学习英语的兴趣

在高校英语教学过程中，教师不仅应当有意识地根据英语学科的教学特点，不断提升学生的学习兴趣，教师还应该根据学生的基本认知特点，有效渗透传统文化的内涵。

7.借助现代教育技术，有效开展传统文化教育

近年来，随着我国科学技术的飞速发展，现代教育技术已经成为各个教育阶段较为热门的教育手段，教师在现阶段的教学过程中，应当结合高校英语教学的特点，适当选择现代教育技术，为学生创设新奇、生动的情境，使学生能够更加真切地感受教材中的知识内容。同时，教师也应当积极借助现代教育技术，有效开展传统文化教育，使学生能够感受到传统文化的魅力与内涵。

8.基于传统文化教育，积极拓展学生知识储备

在现阶段高校英语教学过程中，教师应当树立正确的教育观念，能够在具体教学过程中有效渗透我国传统文化的魅力与内涵，使学生能够感知我国传统文化的魅力与优势，能够投入进一步的学习与发展中。

第三节　提供阅读技巧

实现从侧重知识的传播到重视技能的培养的转变是实施阅读教学的目的

所在，同时阅读技能的运用也是有效进行阅读的方法。在大学英语阅读教学中，教师应向学生介绍一些常见的阅读技能，进而提高学生的阅读技能。具体来讲，教师可以培养学生以下几个方面的阅读技能。

一、略读

（一）什么是略读

略读（skimming）又称跳读或浏览，是一种快速阅读文章以获取文章大意的阅读方式。这种阅读方式要求读者以意群为单位，双眼迅速扫读文章，同时注意选择一些重要的词语、句子来读，以获取主要信息，那些次要的信息和细节（不影响文章大意理解的词句、段落）则可以直接掠过。需要指出的是，略读过后，读者要能够确定文章结构和作者要表达的意思。

略读的作用主要在于快速抓住文章梗概、测试读者在只阅读部分句子的情况下对文章的掌握程度。根据略读的结果，读者可以进行有针对性的训练，从而提高阅读的效率。

（二）略读能力的培养

在培养略读能力时，学生应该注意以下几点。
（1）略读之前首先判断文章的题材并预测内容。
（2）阅读文章第一段，抓住文章主题，为后面的略读做准备。
（3）后文的阅读中可只读开头、结尾两句话，了解每段的大意和线索。
（4）快速阅读文章，寻找字面上或事实上的主要信息和少量的阐述信息。
（5）根据文章的难易程度和阅读的目的，灵活调整阅读速度。
（6）若最后一段是总结段或结论段，则应读得稍微细致一点。
例如：
Read the opening and ending paragraphs of the text and find the main idea of it.

Although we may not realize it, when we talk with others we make ourselves understood not just by words. We send messages to the people around us also by our expressions and body movements. A smile and handshake show welcome. Waving one's hand is to say "Goodbye". Nodding the head means agreement, while shaking it means disagreement. These gestures are accepted both by Chinese and English speakers as having the same meanings.

...

When one uses a foreign language, it is important to know the meanings of gestures and movements in the foreign country. Using body language in a correct way will help communicate with people and make the stay in a foreign country easy and comfortable.

通过阅读很明显可以发现，语篇中的首段和末段集中了文章的主旨信息，即人们在交流时除了使用口头语言，还使用体态语。同时在与外国人交流时，还应注意各国人的体态语的不同。不难看出，在阅读了文章的首段和尾段后，文章的主旨也就基本把握了，而其余信息则可以忽略不看。

二、跳读

（一）什么是跳读

所谓跳读，即跳过不相关的部分，直奔信息所在范围进行阅读。如果只需要查找我们所需要的信息，这时就可以采用跳读的方式。也就是说，跳读不要求逐字逐句、从头到尾通读下去，只要根据问题去寻找答案，准确定位详细而又明确的信息即可。跳读这种方法尤其适合在时间来不及，不可能进行通篇阅读，而对选择题的几个选项又无法判定时进行。

（二）跳读能力的培养

在培养跳读能力时，学生应该注意以下几点。

（1）理解所提出的问题，然后确定解决问题所需要的信息及这种信息的出现形式。

（2）根据问题提供的线索，再回到文中去，明确到哪里去寻找所需的相关信息。

（3）快速搜索，找到所需的相关信息，并对其进行加工处理。对问题中要求选出时间、地点、人物、做事的方式、事情的起因、结局等事项，可以边读边划下来做记录，以便查找。

（4）对一些无关紧要的信息，可以省略不读。

（5）返回到问题中，比较分析问题中的四个选项，确定哪个是最确切的信息。

例如：

China could save 10 million tons of grain a year if more attention were paid to the control of crop killer insects, a senior agricultural scientist said. He also warned that plant diseases and migratory locusts, which had been controlled for years, are spreading again.

He said China loses 15 million tons of grain a year as a result of damage done by plant diseases and insects. But if crops were better protected, at least 10 million tons of the lost grain could be saved. He calls for setting up a national consultative office in charge of biological control. Biological control is now used on slightly more than 10 percent of farmland of the country.

1. What make China lose a large number of tons of grain every year?（　）

A. Crop killer insects.

B. Any kinds of insects.

C. Asian migratory locusts.

D. Plant diseases and insects.

2. What is the scientist's warning?（　）

A. China loses 15 million tons of grain a year.

B. Crops should be better protected.

C. There are more and more plant diseases and insects.

D. Locusts are out of control.

根据上述介绍的跳读的步骤，我们可以轻松地得出正确答案：D、D。

三、精读

（一）什么是精读

精读是阅读时掌握语篇中所有细节的一种阅读方式。精读往往涉及大量的词汇、语法等知识，但和语法课、词汇课不同的是，精读的目的集中在阅读上，如培养学生处理语言的能力；通过阅读各类题材作品提高学生的语篇、文体意识；培养学生的逻辑思维和独立思考、自主创新的能力；提高学生的文化修养和跨文化交际能力。

（二）精读能力的培养

精读能力的提高需要学生多补充词汇和语法知识，需要教师精讲多练，帮助学生了解文章大意、掌握文章主旨思想，注意重点、难点的分析，培养学生的理解能力、分析能力以及独立阅读的能力。

在培养精读能力时，学生应该注意以下几点。

1. 初读材料，了解大意

初读课文是对材料进行精细阅读之前的一遍阅读，初读的目的是了解课文大意，发现新的语言点和难点。另外，本阶段的学习还包括对单词的朗读训练，以及对单词、惯用词组用法的分析。

2. 分析重点，理解难点

通过初读材料，学生对材料大意、词汇语法等都有一个大体的印象。在这个基础上，学生要分析材料中的重点、难点，包括句型、表现方式和修辞方法等。重点、难点的分析需要一定的策略，如对一些较难掌握的生词，学生可借助同义词、反义词、构词方法和语境来分析，这样一方面加强了新旧知识的联系，扩大了学习的范围，另一方面使学生更容易理解和掌握这些知识。

3. 把握全局，巩固知识

通过前面两个步骤，学生已经能够透彻理解课文内容，这时学生可以对原文中的重点词汇进行拓展练习,如相关的词组、成语、句型等,在巩固阅读成果的同时拓展自己的知识面。

四、寻读

(一)什么是寻读

如果阅读的目的只是查找有用的信息,那么仔细阅读全部的材料就是没有必要的。科学的做法是以最快的速度找到信息可能存在的位置,然后再认真阅读,这种做法就是寻读。在报纸上查找有用信息就是一种最常见的寻读。

(二)寻读能力的培养

在培养寻读能力时,学生应该注意以下几点。

(1)搞清楚寻读的目标。换句话说,对通过寻读所要查找的信息有非常清晰的认识。

(2)搞清楚阅读材料的基本结构与逻辑顺序。任何一篇阅读材料都会遵循一定的表达顺序,花一两分钟时间先把文章大概浏览一下,就可以基本确定文章的类型、主题以及表述顺序,从而有利于在文章中定位所要寻找的信息。

(3)根据阅读经验进行大胆预测,即预测信息会以什么样的方式出现,并不断进行比对与判断。

(4)在遇到与寻读目标不相关的信息时,应果断放弃,以便用最快的速度迅速锁定目标。

第四节　培养阅读策略

一、阅读策略

英语阅读策略，是指在某种特定目的和计划的指导下，展开的高效学习活动和正确使用阅读技巧的一系列过程，可以更好地帮助学生解决阅读问题，科学合理地运用阅读技巧，帮助阅读者更好地实现阅读目标。关于阅读策略的定义，学术界并没有一个统一的解释。以下是几种具有代表性的观点。

布洛克（Block，1986）将阅读理解策略定义为：读者如何构想一项任务，注意到了文本中的什么线索，如何理解所发现的信息，以及如何检查这些信息的意义。[1]

威廉姆斯和斯蒂文斯（Williams & Stevens，1987）认为，阅读策略为阅读者使用的、根据文本、读者和任务的特征而展开的认知活动。[2]这个定义解释了阅读策略是阅读过程的主要组成部分，并且与个体的知识、目标和背景等有关系。

哈维和戈德斯维尔（Harvey & Goudvis，2000）认为，阅读策略是指读者有意识地使用一系列方法来创建意义、解决问题、构建知识等。[3]

何艳丽（2003）提出了要想实现有效阅读，就必须在阅读过程中采取必

---

[1] Block, C. C. Reading comprehension: A schema-theoretic framework [M]. Theoretical issues in reading comprehension: Perspectives from cognitive psychology, linguistics, artificial intelligence and education, 1986.

[2] Williams, J. P. & Stevens, R. J. Cognitive psychology and reading education [J]. Journal of Reading, 1987, 30（2）: 148-152.

[3] Harvey, S. & Goudvis, A. Strategies that work: Teaching comprehension for understanding and engagement [M]. Portland, ME: Stenhouse Publishers, 2000.

要的阅读策略的理念,学习者想要达到准确理解的目的,就应当科学运用相关的阅读策略,这样才能让阅读成为一个积极而有效的过程。[①]

可见,要想提升阅读能力,掌握阅读策略是基础手段,科学合理地运用阅读策略,可以极大地提升学生在英语阅读活动中的效率与质量,帮助学生逐渐树立更强的学习信心。

心理学学者对阅读过程进行了广泛深入的研究,影响最为深远的阅读方式有自下而上模型、自上而下模型、交互式阅读、整体阅读法。

(1)自下而上模型就是我们传统教学中的教学方法,从基本的词汇发音开始教学,然后过渡到短语、句型、语句,直到最后的语篇乃至文章的理解。根据这一模型,读者能够对文章中的语境和线索进行充分利用,并能通过已知的结构进行预测,利用下文的内容进行检验。因此,整个阅读的过程就是在猜测、验证、修改、继续推断这样的循环中进行的。

(2)自上而下的阅读方法是指读者在阅读时,先从整体上理解文章的主题和大意,再逐步深入到细节和细节之间的联系。这种阅读方法强调读者的先验知识和阅读目的的重要性,读者需要先构建一个基本的框架,然后通过细节来填充和丰富这个框架。这种方法通常适用于阅读长篇文章、学术论文、报告和小说等较为复杂的文本。

(3)交互式阅读方法是指读者在阅读过程中不仅是被动地接收信息,而是积极地与文本进行交互和互动,以获得更深入的理解和更高效的学习。这种阅读方法通常包括以下几个方面。

提问:读者在阅读过程中不断提出问题,并通过文本中的信息来回答这些问题,从而加深对文本内容的理解。

总结:读者在阅读过程中不断对文本内容进行总结和归纳,以便更好地掌握文本的核心意义和结构。

注释:读者在阅读过程中对文本中的关键信息进行标记和注释,以便在以后的阅读过程中更快速地找到需要的信息。

讨论:读者可以与其他读者或教师进行讨论,共同探讨文本的意义和价

[①] 何艳丽.实现有效阅读的必要阅读策略[J].武汉大学学报(教育科学版),2003,22(3):107–110.

值,从而获得更深入的理解和更全面的知识。

交互式阅读方法强调读者的主动性和参与度,有助于读者更好地掌握文本的内容和结构,提高学习效果。

(4)整体阅读方法是一种阅读策略,它强调读者在阅读过程中对整体文本的理解。整体阅读方法通常通过一系列预备活动来帮助读者构建文本的背景知识、主题和结构,并激发读者的兴趣和好奇心,使其更好地理解文本的内容和意义。同时整体阅读方法还包括一系列技巧和方法,如预测、推断、判断、概括和归纳等,这些技巧和方法有助于读者对文本进行全面和深入的分析及理解。整体阅读方法适用于各种类型的文本,包括小说、散文、科技文献、新闻报道等。

综上所述,自上而下的阅读方法强调读者的主动推测和预测能力,通过读者的背景知识和经验来解释和理解文本;交互式阅读方法强调与文本互动,通过提问、思考和解决问题来促进阅读理解;整体阅读方法强调对文本的整体把握和理解,通过阅读文本的结构和组织方式来提高阅读效果。

二、阅读策略的具体内容

掌握一定的阅读策略对学生的阅读大有帮助。因此,在阅读教学中,教师应注意阅读策略的传授,不能一味沿用旧的教学方法,而应该让学生按照自己的指挥来学习。概括来说,阅读中常用的策略主要有以下几种。

(一)清除障碍

学生阅读的一个前提就是掌握大量的词汇,而词汇可以说是造成学生阅读困难的最重要的因素,因此教师在阅读教学开始前就应采用各种形式(如对话、故事、图片等)对学生进行词汇灌输,清除学生的词汇障碍,从而帮助学生顺利阅读。此外,教师还可以指导学生进行课前预习,并布置一些适当的预习题,这不仅可以使学生明确预习的目标,做到有的放矢,还可以培养学生主动学习的积极性，同时能为课堂教学的顺利进行做好心理和知识上的准备。

（二）激活背景知识

一门语言承载着一种文化，学好一门外语，不仅是多背单词，学习和了解异域的文化也是非常重要的。因此，教师在阅读教学前，有必要为学生介绍一些与文章相关的社会文化背景知识，这样不仅能使学生更好地了解阅读的内容，还能激发学生的阅读兴趣，提高学生学习的主动性。例如，在教授与万圣节（Halloween）有关的课文时，教师就有必要在课前准备一些相关的资料介绍展示给学生，并与学生进行相关的讨论，以唤起学生已有的知识和生活经验，激发学生的兴趣，并提问："What do you know about Halloween？"让学生交流观后感，得出一个大致的结论："It's an autumn festival."然后再进入课文，一步步解决问题，这样课文也就很容易理解了，课文中的难点就会迎刃而解了。

（三）注意预测

文章的标题是对全文思想的概括，因此在阅读活动开始之前，根据文章的标题进行积极预测是一种非常有效的方法。具体来说，就是以文章的标题和一些关键词为基础展开联想，预测文章的大概内容、表述逻辑、主要观点、表达层次等。例如，如果题目是《地震》（Earth quake），可以预测这是一篇科普性文章，里面应该会讲到地震的起因、过程与危害，甚至还会讲到一些在中外历史上比较有名的大地震。如果题目是《不速之客》（An Uninvited Visitor），则很可能是一篇记叙文，此时可充分发挥想象，预测故事的发展过程。总之，这种预测活动既能锻炼逻辑推理能力，又可以通过积极主动地参与来最大限度地激发读者阅读兴趣，调动阅读潜能，从而提高阅读质量。

三、阅读策略教学

（一）阅读策略教学的溯源与内涵

1. 溯源

国外学者保罗·古德曼（Paul Goodman）在20世纪70年代后期发表的"策略教学"的观点代表着阅读策略教学的开端。随后众多学者开始研究系统教授阅读策略的方式、模式以及如何让学习者更好地接受阅读策略，并且与教学融合开展实验，以验证其有效性。

2. 内涵

迈克多诺（McDonough，1995）在其介入性研究中对阅读策略教学做出以下定义：阅读策略教学是指教师需采用适当、有效的阅读方法指导学生，有针对性地开展阅读教学，对文章进行内容的总结和概括，根据具体情况适当调整阅读方法，以提升阅读速度和阅读能力。

研究者认为，阅读策略教学是学习者在教师科学指导下，通过理解并掌握阅读策略的使用原理，及时调整和监控自己的阅读行为与阅读过程，解决阅读问题，理解文章，最终提高阅读水平和阅读能力的教学机制。

（二）阅读策略教学的原则

在阅读策略教学中应遵循以下原则。

第一，问题导向原则。明确阅读主体和阅读客体之间的关系，在阅读策略教学中，明确阅读策略的目的和阅读内容的目的，学习者能够通过具体的目的阅读文本材料来找到答案。在正式阅读材料前，教师会告诉学习者本节课所要学习的阅读策略以及需要用阅读策略解决的问题。学习者能根据明确的任务要求，解决阅读问题。

第二，整体规划原则。阅读策略教学和阅读内容要整体联系，将阅读策略融入阅读教学，以较快的速度根据相契合的内容将阅读策略教给学习者。在本书中，每篇阅读主要有三个阅读策略的教学，根据每单元具体阅读内容,有针对性地将阅读策略教授给学习者。此外,还需复习上一节课所学过的阅读策略。[①]

第三,迁移性原则。阅读策略本身具有传授方法、价值和意义等作用,教师在此过程中需要给予学习者充分的指导,促进学习者阅读策略的迁移和拓展运用。在本书中,将阅读策略和每个单元的教学内容融合之后,学习者还需将阅读策略运用在新的文本中解决问题。

表4-1 阅读策略教学原则与本书联系

原则	与本书的联系
整体规划原则	根据阅读策略教授阅读内容,每节课有三个主要阅读策略
问题导向原则	直接告知学习者阅读策略目的和阅读目的,设计不同任务解决阅读问题
迁移性	每单元阅读内容和拓展阅读内容的双应用

(三)阅读策略教学的步骤

国内外学者针对如何更好地教授阅读策略这一问题提出了不同的教学模式,其中查莫特和奥马利(1990)构建了认知专业语言学习模式,简称CALLA(the Cognitive Academic Language Learning Approach)模式。该模式分为准备阶段、展示阶段、操练阶段、评价阶段及扩展阶段等五个阶段。[②] 科恩(Cohen,1998)提出了SBI(Strategy-Based Instruction)阅读策略培训教学模式:第一,教师讲解并示范;第二,学生在阅读中自主探索;第三,

---

[①] 朱水平. 统编教材阅读策略教学的原则和实施建议 [J]. 教学与管理,2020(14):44-47.

[②] O'Malley, J. & A. U. Chamot. Learning Strategies in Second Language Acquisition [M]. Cambridge: Cambridge University Press, 1990.

小组讨论和总结；第四，教师鼓励；第五，具体操练。①

国内学者孟悦（2004）则从阅读策略教学活动本身出发提出阅读策略教学的四个步骤。②

（1）准备阶段：该阶段主要目的是让学习者了解阅读策略的重要性和价值，唤醒学习者的阅读策略使用意识。

（2）呈现阶段：该阶段主要目的是呈现具体的阅读策略，让学习者更加熟知阅读策略的用法。

（3）操练阶段：经过前一阶段具体阅读策略知识的输入，这一阶段的主要目的是让学习者实践和应用该阅读策略。

（4）评价阶段：评价阶段主要针对学习者的练习情况和教师的教学情况进行评价。

（5）扩展阶段：该阶段目的在于巩固学习者的学习情况。

由此可见，各位学者都认为阅读策略教学应包括准备、展示、操练和评价等阶段（如图4-2）。

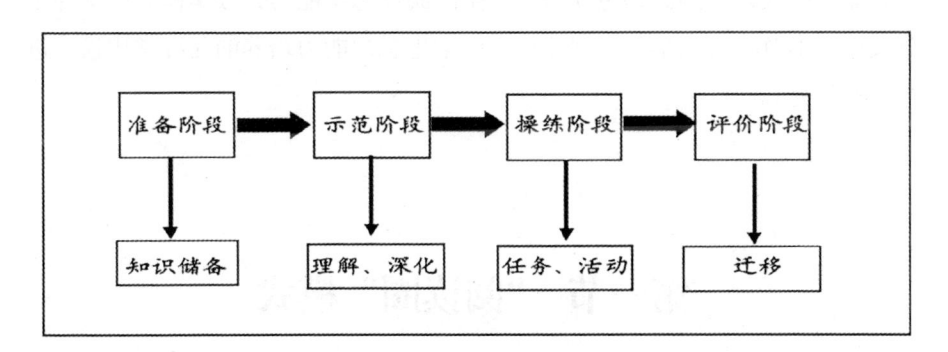

图4-2 阅读策略教学操作流程

---

① Cohen, A. D. Strategies in Learning and Using a Second Language [M]. New York：Addition Wesley Longman Inc.，1998.

② 孟悦. 大学英语阅读策略训练的实验研究 [J]. 外语与外语教学，2004（2）：24-27.

第五章　大学英语阅读教学中学生思辨能力的培养模式

阅读思辨能力的培养不是一味地讲练就可以达成的，而需要教师采用恰当的教学模式，合理地设计教学流程、安排教学活动，充分调动学生的积极性方能有所成效。因此，想要提高学生的阅读思辨能力，教学模式的选择十分关键。本章将对大学英语阅读教学中学生思辨能力培养的几种常用模式进行分析研究。

第一节　"阅读圈"模式

一、"阅读圈"模式

（一）"阅读圈"模式的内涵

1994年，哈维·丹尼尔斯（Harvey Daniels）在其著作《阅读圈：以学生为中心的教室里的呼声和选择》中正式提出了"阅读圈"模式的概念。马克·弗里（Mark Furr，2007）指出，"阅读圈"模式是一种由学生自主阅读、自主讨论与分享的阅读活动。[①]谢尔顿（Shelton-Strong，2012）认为，"阅读圈"模式是以学生为主导、以小组为单位进行阅读分享和讨论的活动。[②]毛旭樱（2020）指出，"阅读圈"模式是以学生为中心、以小组为单位、以角色为载体而开展分工阅读再集中讨论的感知过程。[③]尽管不同学者对"阅读圈"模式的定义有所差异，但是他们对其本质和内涵达成了高度认同，即"阅读圈"模式是由同伴引领的，由阅读、讨论和分享组成的小组合作学习活动。独立阅读是培养学生自主学习能力的环节，分享和讨论是培养学生合作学习能力与探究性学习能力的环节。

（二）"阅读圈"模式的要素

1994年，哈维·丹尼尔斯（Harvey Daniels）指出真实的、成熟的"阅读圈"包括以下关键要素[④]，如表5-1所示。

表5-1　"阅读圈"的关键要素

学生自主选择阅读材料
学生根据所选书籍，形成临时性的阅读小组，不同小组阅读不同的书籍
小组成员定期开会，讨论阅读情况，学生以做笔记的形式辅助阅读和讨论，讨论的话题来自学生
小组会议鼓励学生提出联系个人实际生活的开放式问题，甚至是"离题"的问题，教师是促进者，而不是小组成员或指导者
通过教师的观察和学生的自我评价来进行评价，整个教室充满欢乐
一本书读完后，学生与同学分享，围绕新的阅读材料形成新的"阅读圈"

---

① Mark Furr. Bookworms club bronze：stories for reading circles [M]. Oxford：Oxford University Press，2007.
② Shelton-Strong. Literature Circles in ELT [J]. ELT Journal，2012，66（2）：214-223.
③ 毛旭樱. 例谈核心素养下高中英语阅读圈教学 [J]. 福建教育学院学报，2020，21（5）：69-71.
④ Harvey Daniels. Literature Circles：Voice and Choice in the Student-Centered Classroom [M]. New York：Stenhouse Publishers，1994.

由于哈维·丹尼尔斯提出的"阅读圈"模式在国外主要应用于母语阅读教学，日本学者马克·弗里（Mark Furr，2004）考虑到其适用于外语阅读教学的可行性，为使"阅读圈"模式的操作更简易，对以上关键要素进行了相关调整。①

（1）将上述第一点调整为"教师为学生选择合适的阅读材料"。

（2）将上述第二点调整为"学生自由选择或由教师分配组成临时阅读小组"。

（3）将上述第三点调整为"不同的小组阅读相同的材料"。

（4）将上述最后一点调整为"一轮'阅读圈'活动结束后教师提供其他信息以填补学生的理解空白，新'阅读圈'可以根据学生的选择或者教师的指导来组成"。

由此可见，马克·弗里的调整为教师在选择阅读材料、小组分组、深化学生对文本的理解等方面赋予了更多指导性责任，为"阅读圈"模式的有效展开提供了保障性条件，因此将其应用于外语阅读教学更具有可操作性。本书参照马克·弗里的修改内容，对标准"阅读圈"模式的要素进行了以下四处调整，如表5-2所示。

表5-2 "阅读圈"模式要素调整

标准"阅读圈"模式要素	本书"阅读圈"模式的要素调整
学生自主选择阅读材料	阅读教材文本
学生根据所选书籍，自主形成阅读小组	学生自由选择或由教师分配组成阅读小组
不同的小组阅读不同的材料	不同的小组阅读相同的材料
一本书读完后，形成新的"阅读圈"	一本书读完后，教师补充讲解，形成新的"阅读圈"

本书的第一处调整将"学生自主选择阅读材料"改为"阅读教材文本"。

---

① Mark Furr. Literature Circles for the EFL Classroom [J]. Journal of Reading Education，2004，26（3）：1-6.

考虑到课堂时间和教学任务的限制，阅读教材文本虽然在一定程度上剥夺了学生的自主选择权，但是当堂阅读使得阅读过程变得更加真实，学生阅读的参与感、体验感较强，推动"阅读圈"模式走进日常英语课堂。本书的第二处调整将"学生根据所选书籍，自主形成阅读小组"改为"学生自由选择或由教师分配组成阅读小组"。考虑到课堂时间的限制，学生自由选择会占用一定的时间，且易出现课堂秩序混乱等情况。此外，受班级内"非正式群体"的影响，学生的自由选择会在一定程度上导致"阅读圈"的小组成员存在封闭性。教师分配组成阅读小组旨在让教师通过观察、记录等方式，鼓励小组成员的必要交换，保障每一轮"阅读圈"小组成员的流动性。本书的第三处调整将"不同的小组阅读不同的材料"改为"不同的小组阅读相同的材料"。研究者认为"不同的小组阅读不同的材料"不适宜课堂阅读，其原因在于阅读材料的内容和难度不同，每个小组的阅读进度不同，阅读讨论时间不一致，教师对课堂的组织和生成难以把控。所有小组阅读相同的材料更符合课堂阅读教学，为读后讨论活动的展开做了准备。本书的第四处调整将"一本书读完后形成新的'阅读圈'"改为"一本书读完后，教师补充讲解，形成新的'阅读圈'"。在第四处调整的基础上，本书新增了"教师补充与讲解"环节作为"阅读圈"的末尾环节。本书进行这一调整的意图在于：发挥教师对学生的指导作用，填补学生的知识空白，鼓励学生更加全面地进行阅读和讨论准备，为下一轮"阅读圈"的实施提供借鉴。

二、"阅读圈"模式在大学英语阅读教学中对学生思辨能力的培养

（一）教师应转变教学理念，在阅读教学中给予学生更多自主学习、合作学习和独立思考的机会

教师要转变英语阅读教学目标仅停留在传授英语语言知识的教学理念，

意识到阅读教学除了要提升学生的英语语言能力，还具有促进学生提高自主学习能力、合作学习能力及批判性思维能力等方面的多重职责。初中阶段学生的心智水平得到了一定的发展，对外在世界充满了好奇与期待，他们愿意自己去思考、探索知识与真理，期望在与同伴的讨论交流中获得更多知识。因此，阅读教学应以学生为主导，教师不应该向学生灌输知识，而应赋予学生更大的自主权去探索阅读文本内容，鼓励学生与同伴交流，多方面、多角度、深层次地发现问题、思考问题及解决问题。在"阅读圈"模式的阅读过程中，教师在组建阅读小组、分配阅读角色、独立阅读、小组讨论、阅读评价等多个环节给予学生自主权，鼓励学生进行自主学习、合作学习与独立思考，收到了良好的效果。值得教师注意的是，阅读过程不仅是动态的发展过程，阅读结果也是动态的、多样的，有些阅读题没有标准答案，教师不要以统一的答案标准去限制学生的思考空间及角度。教师可以以引导者、启发者和参与者的身份参与到学生的阅读过程中，但不要过多干涉学生的阅读过程。从长远来看，英语阅读教学的成功不在于教会学生每一篇文本的重点内容，而在于教会学生掌握独立学习和思考、进行自主高效阅读的本领，让学生通过独立学习和思考探索更多知识，让学生感受到英语阅读的价值和快乐，从而养成积极主动的阅读习惯。

（二）教师应设计灵活多样的"阅读圈"教学方案，满足学生多样化的阅读需求

教师工作的特殊性在于其工作对象是鲜活的学生个体。每个学生都是处在发展中的鲜明个体，学生的思维、评价能力等不断发展，正值青春期的他们对外界事物有自己的想法和评判标准，他们对世界充满了好奇，有较强的求知欲和探索精神。因此，教师在设计"阅读圈"模式教案时，应满足不同阅读兴趣学生的阅读需求，发展学生的多元能力。因此，教师在选择阅读材料时，可以提供丰富的阅读书目名单供不同喜好的同学们选择，如小说类、名著类、报刊新闻类、故事类、科幻文等，让同学们通过阅读了解世界各地的地理景观、风土人情、文化遗产等，通过阅读让同学们增长见识、拓宽视野、陶冶情操，感受英语阅读的意义和价值；教师在设计阅读活动时，可以

根据同学们的喜好和优势设计出可以让学生更多表达自己想法和展示自身才能的活动，如在小组讨论环节，擅长绘画的同学可以通过插画展示自己的阅读体会，画出阅读材料中令其印象深刻的人物，画出故事发生的流程图等；口才流利的同学可以以脱口秀、故事会、辩论会的形式分享自己对材料中人物或事物的看法；具有创新思维的同学可以自主设计出更多的形式展示自己，如设计海报、板报、举办书画展等。

（三）教师应正确定位角色，积极创造条件发挥阅读理解成绩、阅读理解能力与阅读态度的交互作用，多方面提升学生的阅读能力

在阅读教学中，教师不能只把自身角色定位在提高学生的阅读理解成绩上，也要密切关注学生阅读理解能力和阅读态度的变化。在本书中，研究者发现学生的阅读理解成绩、阅读理解能力与阅读态度存在相互影响的积极作用。学生阅读理解成绩的单方面提高不是阅读教学的最终目标，从长远来看，阅读教学的出发点和落脚点在于学生阅读理解能力的提高与阅读态度的积极转变。因此，在阅读教学中，教师不仅要传授英语语言知识，帮助提高学生阅读理解成绩，更要注重学生阅读理解能力的培养，增强对学生阅读理解技能的培训与专业训练，如提取事实细节、分析人物性格、概括文章大意、评判作者意图等，切实提高学生的识别提取能力、领会概括能力、分析推断能力与评价赏析能力。同时教师在阅读过程中也要注重培养学生对英语阅读的积极态度，增强学生对英语阅读重要性的正确认知，保持其对英语阅读的积极情绪，密切关注其阅读过程。教师可以通过设计多样的阅读活动、设置灵活多变的阅读任务、引导学生做好阅读规划等来提高学生的主动性、求知欲和计划性倾向，为学生养成良好的阅读习惯奠定坚实基础。

第二节 ESA阅读教学模式

一、ESA教学模式

自18世纪起，西方学者对外语教学的理论发展提出了许多新观点，并由此衍生出几十种流派。从最初的传统法和直接法，到听说法和认知法，再到1970至1980年十年内盛行的交际法和自然途径法，各流派在传承和发展自身优点的同时，也在不断吸纳其他流派的长处，从而使自身发展壮大。但其共有的不足是理论和实践的交互融合不够。因此，将上述教学理论和方法在自己的教学实践中有机统一起来，再加以运用，成为教师的当务之急。因此，20世纪70年代形成了交际语言教学（Communicative Language Teaching，简称为CLT）模式后，"3P"教学应运而生。它针对教学理论和课堂教学实践结合不足的问题，将课堂教学分为三个阶段，即Presentation——呈现阶段；Practice——实践阶段；Production——产出阶段。"3P"教学的出现帮助了教师在实践中有效地运用教学理论，但同时也固定和僵化了教学过程。基于此，英国英语教学专家哈默（Jeremy Harmer，1998）在其著作"*How to Teach English*"中提出了ESA模式，将英语教学模式推至更深远的发展层次。ESA教学包含三个要素，即投入（Engage）、学习（Study）和运用（Activate）。[1]哈默（Harmer，2000）认为，这三个要素对学习者在社会环境中习得语言是不可或缺的条件，其原因在于：其一，学习者能够接触大量的语言材料；其二，学习者的学习动机是为了更好地交流，故他们能够在学习过程中更具热情；其三，学习者能够有效运用习得的知识。[2]课堂语言学习

---

[1] Harmer, Jeremy. The Practice of English Language Teaching [M]. New York: Longman Group Limited, 1998.

[2] Harmer, Jeremy. How to be a Good Teacher [J]. Basic Foreign Language Teaching and Research, 2000, 5 (3): 46-49.

与社会语言学习虽然是两个不同的概念，但如果向学习者提供相同合适的条件，学习者在课堂上也可以习得语言。同样，学习者需要学习动机、接触语言材料并将其运用。在投入阶段（Engage），教师的教学设计目的在于调动学生的学习热情，故教师可以通过音视频、图片、游戏、逸事、动画等形式的学习素材，激发学生的学习兴趣和求知欲望。在学习阶段（Study），教师要引导学生掌握语言知识及其结构，接着进一步达到预设的教学目标，学习方法多种多样，教师不仅可以直接对学生进行知识讲解，也可以利用翻转课堂等形式让学生归纳并厘清知识点，还可以通过一对一学习、小组学习等形式让学生进行学习。运用阶段（Activate）则强调让学生能够在实践中有效运用所学的语言，故教师可以在教学过程中使用讲故事、小组讨论、角色扮演、辩论、模拟采访等活动，从而巩固学生语言知识和提高学生交际能力，使其更好地在实践活动和交际活动中运用所学的语言知识。ESA 教学理论的三个阶段可以组合成三种教学模式，即直线型（Straight Arrows Sequence）模式、反弹型（Boomerang Sequence）模式和杂拼型（Patchwork Sequence）模式。直线型（Straight Arrows Sequence）模式适用于相对容易的课程，教师首先进行导入，引导学生先对语言习得的背景材料有初步的了解；接着在学习阶段，教师帮助学生获得新知识；在最后的运用阶段，教师向学生发布与所学材料相匹配的练习任务并要求其完成，以帮助巩固和复习所学知识。这一过程即为图5-1所示的直线型教学模式。

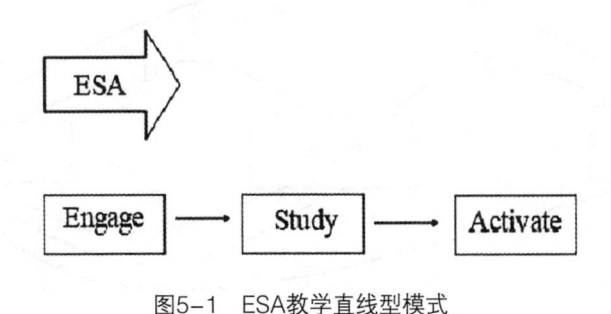

图5-1 ESA教学直线型模式

反弹型（Boomerang Sequence）模式能够很好匹配中等水平学习者的认知规律和语言需求。教师先利用教学活动以明确学生存在的问题，进而针对出现的问题进行教学,这样的模式能够更紧密地联系教与学。首先,教师帮助学生先学习语言材料;其次,在活用阶段,让学生进行语言学习的练习和实践;再次,根据学生实践的反馈,教师针对练习中存在的语言错误进行解答和剖析;最后,再让学生对语言知识进行练习和应用,直至其完全习得。这一过程即为图5-2所示的反弹型教学模式。

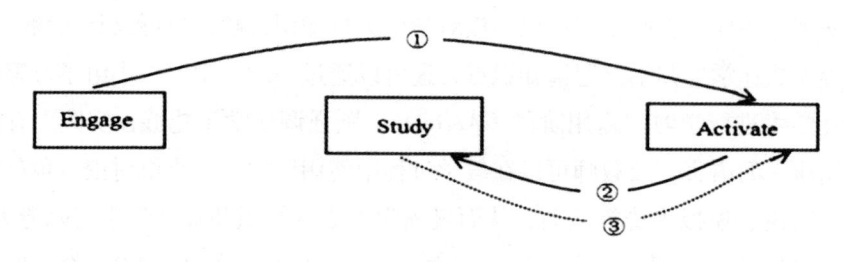

图5-2 ESA教学反弹型模式

杂拼型(Patchwork Sequence)模式的特点是灵活性和合理性,可适用于更为高级的教学内容。ESA的三个要素可以被教师在教学中灵活地交叉重复运用。学生可以在此模式中获得更多的参与机会,因此各个环节也都能更好地激发学生的学习兴趣。这种模式如图5-3所示。

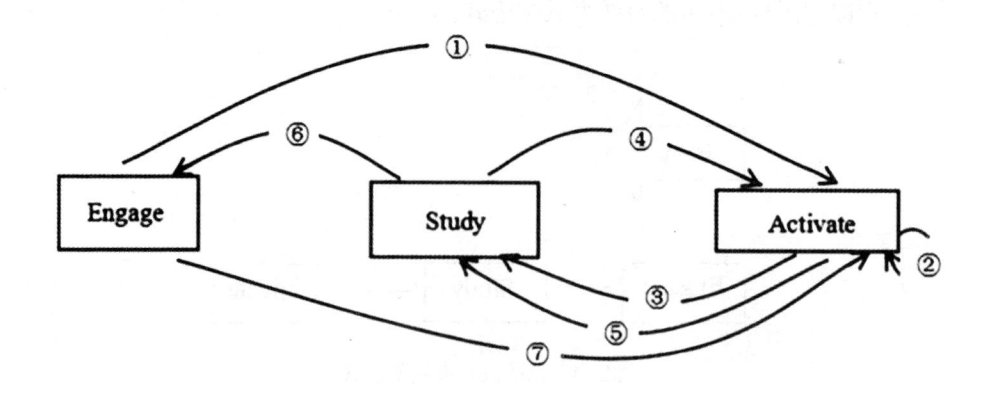

图5-3 ESA教学杂拼型模式

二、ESA教学模式在大学英语阅读教学中对学生思辨能力的培养

（一）教师应强化对学生的输入、输出训练

教师在学习语言输入假说和语言输出假说理论的指导下，应明白课堂输入和输出的重要性。在ESA教学模式指导下，学生的阅读动机明显提升，学生的课堂积极性也明显提高。因此，教师可以通过灵活设计教学活动强化对学生的输入、输出训练，从而提高学生的阅读参与度、学习和运用语言的能力。同时也可以帮助学生更好地理解和掌握英语阅读材料，让他们能更好地输入，文化背景扩充可以提升学生的阅读兴趣，提高其跨文化交流能力，有助于阅读分析。有输入就有输出，在口语上，表现为让学生更好地表达自己的观点；在写作上，训练写作文也是输出。因此，强化对学生的输入、输出训练对学生具有积极作用。

（二）教师应注重创设语境，引导学生主动参与

在建构主义理论指导下，教师可在课堂实际综合语言、运用语言的过程中创设真实的语境，使用ESA教学模式可以激活和内化学生的语言知识，提高阅读动机和成绩，培养英语学科核心素养。教师需要设计多种活动来引导学生参与并激发学生的兴趣和欲望，同时为学生创造轻松有趣的学习环境，帮助学生融入课堂并提高参与度，从而引导学生表达自己的意见。

（三）教师应不断更新自己的知识体系和教学方法

在现代教育环境中，教师应该持续充实自身的知识储备，避免单一的知识灌输，采用多样化的教学方式激发学生的阅读兴趣。ESA教学模式对教师提出了更高的要求，教师需要拥有敏锐的课堂意识和智慧，在实践中根据阅读材料难度和学生反馈调整教学投入、学习和应用这三个要素，以实现ESA

教学模式的有效改善和发展。同时，教师要合理安排教学时间，并根据学生的年龄特点和兴趣爱好选择适当的阅读材料和活动，设计形式多样、内容丰富有趣的活动来激发学生的思维，促进有效输出。另外，良好的教学设计和时间管理也有助于营造一个轻松、有趣的学习环境，有助于学生的学习和表达。显然单纯的知识灌输不符合现阶段的教育需求，教师应该扮演一个引导者的角色，鼓励学生多参与课堂。

（四）开展丰富多样教学活动，提高学生良好阅读体验

哈默提出，学习一门语言要广泛接触习得语言，学习态度积极并以交流为目的去学习语言，在合适的语境中使用语言，并因此提出ESA教学模式。教师在进行教学活动设计时，要合理安排Engage、Study、Activate三要素所对应的教学活动。在Engage阶段，教师可以通过图片、视频、游戏、头脑风暴等课堂活动唤醒学生对阅读的兴趣，引导学生把注意力集中到课堂中，更好地投入教学活动。在Study阶段，教师对重要知识点进行讲解，在文章的基础上适当进行拓展，增加学生基础语言知识，指导学生完成教学活动。在Activate阶段，教师通过角色扮演、辩论、小组讨论、采访、故事续写等活动，设置合适的情境，促进学生进一步消化吸收所学知识，同时进行有效输出。教师在设计丰富多样的教学活动的同时要根据学生水平合理调整教学活动难易程度，避免学生因为活动太过于简单缺乏挑战而无法提高阅读能力，或因为活动太难打击学生自信心而产生消极阅读态度。因此，教师要开展多样化教学活动以提高学生良好的阅读体验。

（五）转变阅读课堂师生角色，提高学生课堂参与度

传统教学课堂通常是教师处于教学活动的主导地位，学生处于被动吸收知识的状态。ESA教学模式强调要突出学生在课堂活动中的主体地位。教师不再是课堂活动的主宰者，而是一位引导者，通过为学生提供阅读材料、图片等资源引导学生有序进行课堂活动。同时教师还是一位指导者，在学生遇到困难时适时给予帮助，在学生完成活动后对学生的表现进行评价，指导学

生进行反思。指导学生根据自己感兴趣的内容进行拓展阅读，给学生推荐种类丰富的读物，通过开展个人阅读、合作阅读、分享阅读、主题交流会等活动，鼓励学生互相交流他们在阅读过程中积累的阅读策略和心得体会。因此，教师应该通过转变师生角色，不断引导学生参与课堂活动，提高学生阅读参与度。

（六）关注不同层次学生水平，提高学生英语阅读成绩

第一轮行动研究结果发现，学生因为自身水平不同，上课对阅读活动的接受程度也不同。水平较高的学生虽然能较好地跟着教师的教学步伐，但是水平中下的学生在跟不上教师教学步伐后会减少阅读兴趣，进而产生消极的阅读体验。在发现这个问题后对第二轮行动研究教学活动的难易程度进行调整，让学生更好地参与到教学活动中。阅读成绩是阅读能力的一种体现，教师通过因材施教，根据不同水平的学生调整教学活动的难易程度，不断引导学生在阅读过程中进行评价与反思，学习阅读策略，培养学生的阅读能力，从而提高学生的英语阅读成绩。

第三节　主题式阅读教学模式

一、主题式教学模式

主题式教学模式的基础是"基于内容的教学"，即CBI（Content Based Instruction）教学理念，所有的教学活动都围绕某一主题展开，具有较强的灵活性和可操作性。创设真实的目的语情境，旨在把语言学习同学科知识与

主题内容相结合，提高目的语交际能力。[①]学生在文化活动中学习语言技能，在真实的交际状态下多种语言技能协同作用，提高学习主动性；教师在确定主题式教学目标时注重强调通过学生的具体需求来确定不同水平学习者的学习目的和要求，不断激发学生的学习动力，驱动师生的"双适应双发展"。王彬（2012）提到"主题式教学模式提供一个良好的学习情境，学生在这种具有高度动机的环境中，可以接触和该主题相关的各种领域的学习内容，教师选的教材有时可以像联络教学的方式，横向编选和该主题相关的教学材料，有时更可直接打破学科之间的限制，在教学中整合不同领域的内容和策略"。[②]由此可知，主题式教学可分两种：一种是单科教学，即在某一学科中通过主题将分散的知识整合到一起；另一种是跨学科教学，是将与主题相关的一些领域的内容整合起来。

二、主题式教学模式对大学英语阅读教学的意义

（一）促使学生不仅理解了学习内容，还提高了学习兴趣

CBI主题教学模式下，以主题为核心展开教学，内容符合学生生活实际，贴近学生生活，有利于学生对材料的理解和掌握，从而提高学生的学习兴趣，帮助学生建立正确的阅读思维。在教学中，根据克拉申可输入性假说，只有对学生进行大量的可理解性的输入，才能帮助其更好地掌握和理解知识，从而真正习得语言。

[①] 戴庆宁，吕晔. CBI教学理念及其教学模式 [J]. 国外外语教学，2004（04）：18-22.
[②] 王彬. 泰国中学主题式教学模式建构与研究 [D]. 济南：山东大学，2012.

（二）能够提升学生的主观能动性，促进合作学习能力的提升

在CBI主题教学模式下，强化了学生的主体地位，学生在课堂中发言表达的机会不断增多，开展的小组谈论与学习，分工合作，以团队合作的方式促进学生的合作学习能力的提高，同时这又符合斯温纳的"输出理论"及合作学习理论。CBI主题教学模式宏观上培养学生的理解能力，强调在学习内容的过程中掌握语言知识。因此，在阅读课上，教师可以向学生输入大量的原创性语言，有助于学生获得真实的语言表达。同时，教师也可以为学生提供多种多样的语言训练机会，有助于学生语言交际能力的发展和锻炼。CBI主题教学模式的确改变了学生对英语阅读的态度，促进了学生阅读学习的发展。在整个教学过程中，学生得到更多与他人沟通交流的机会，增进了学生间彼此的了解，分工合作、取长补短，促进了学生合作学习能力的提升。

综上所述，CBI主题教学模式在大学英语阅读中的应用具有可行性。

（三）主题式教学可以促进学生阅读策略使用的多样化

早期大部分国外研究者对主题式教学模式与英语阅读教学结合后，探究的是对学生的课堂参与度、学习兴趣、学习态度方法等方面的影响。然而主题式教学模式在我国的适用范围最初停留在高年级，主要观察的是其对学生思维、方法、策略等方面的影响，产生这一现象的原因可能是受我国教育大环境影响，通过挖掘深层次的学习方法策略等进一步提升学生的阅读成绩。主题式教学模式在大学英语阅读教学中的应用，有助于促进学生阅读策略使用的多样性。在传统教学过程中，教师一般会选择第一遍快速阅读抓取文章主旨大意，第二遍仔细阅读每个段落通过做不同类型的题促进学生进行文本细节信息进行了解，所以在开始行动研究之前，学生们运用的比较熟练的技巧就是略读。但在两轮行动研究实施后，学生能够将文章看成一个整体进行阅读和学习，所熟知的阅读策略也有所增加，如对文本内容进行结构分析，推论文章表层信息后的深层次主题含义等。

综上所述，主题式教学模式与大学英语阅读教学结合后可以丰富学习者的阅读方法，了解多种阅读策略，获取文章主题，进一步提升做题准确率。总

之，CBI主题教学模式的优势在于它以内容为主要学习任务，将学习的范围进行了扩散，内容进行了充实，扩展了学生的学习视野与知识面，关注学生的想法，还课堂于学生，促进学生语言输出能力的提高，学习不再以教师的灌输为主，而是逐步帮助学生建立起英语阅读思维，培养学生英语阅读方法，从而达到提高英语阅读成绩的目的。通过CBI主题教学模式下的引导，学生的英语学习兴趣有所提高，逐步点燃学生学习热情，调动学生学习的主动性积极性，塑造了良好的课堂学习气氛，促进学生合作学习能力的提高。在未来的教学工作中，希望有更多的教师将CBI主题教学模式用于教学实践，在教与学的过程中，结合教学实际，发现问题并解决问题，从而不断优化CBI主题教学模式，让英语阅读课堂达到更好的教学效果，帮助更多的学生在学习的道路上不断前进。

三、主题式教学模式在大学英语阅读教学中对学生思辨能力的培养

（一）教师方面

从教师的角度来说，在主题式教学的过程中，有些课堂活动环节时间和进度不易把握，这就对教师的教学能力提出更高的要求。教师需要对课堂有较强的掌控力，每个活动的时间不宜过长，在确保学生能够玩得尽兴的同时也要保证课堂能够按计划进行，对学生十分喜欢一些活动而课堂时长又不够的情况，可以鼓励学生在课下去完成。有时由于教师的语速较快而对学生英语水平的掌握不够，学生并不能及时跟上教师的进度，教师不仅可以在课前结合主题内容进行有针对性的英文知识储备，在学生无法理解较为复杂的汉语时替换成简单的汉语，并用英文将复杂释义再解释给学生，便于学生掌握，还可以在课堂上多使用肢体、面部表情等语言表达，让学生更直观地了解教师表达的含义，或者由了解该词的学生向其他同学解释词义，这样既克服了师生间交际的障碍，又锻炼了学生的英语理解能力。同时，教师也要努力提升自身的文化知识能力，这样才能有条不紊地开展主题式文化教学工

作，以应对学生提出的各种各样的问题，教师如果含糊不清地解答，就会使学生感到更加困扰，从而打击他们学习的英语积极性。

（二）教学方面

从教学的角度来说，主题式教学的课程内容与课堂管理也不容忽视。一方面是主题式文化教学要控制好语言点的数量，并注意语言和文化知识的操练与应用程度。教师在进行主题式文化教学设计时，不宜设计太多的新知识点，在英语课堂中要注重教学目标的完成度，根据知识点的重要性进行不同程度的讲解和练习，对主题式教学中的重要部分精讲多练，而对相对次要甚至是扩展部分的内容让学生了解即可，平衡语言训练与教学活动的关系，减轻学生的英语学习负担。同时，教师在文化教学的过程中也要注重加强学生听写能力的训练，充分考虑并适当设计一些能够提高学生听力和书写方面能力的主题活动，培养学生成为听、说、读、写全方面发展的人才。另一方面是教师在进行主题课堂活动时，对活动的时间也应该控制得当，确保能够在课时内完成，避免因在某一环节的时间上停留太久导致课堂时间内完成不了整体的教学计划。这就要求教师能够全面地掌控课堂，建立明确的课堂规范和严格的奖惩制度，确保教学活动的顺利进行。在主题式课堂管理过程中，教师在给学生充分空间进行发挥的同时，也要控制好课堂秩序。另外，重视文化体验与教学内容的关联，注重针对性、实际性与趣味性的结合，也是英语教学中不可缺少的一部分。教师在教学过程中可以通过对比不同文化之间的差异，让学生切身感受到跨文化学习，多思考、多讨论，在不同文化的相互碰撞中加深其对主题课程内容的学习。

第四节　翻转课堂阅读教学模式

一、翻转课堂教学模式

（一）翻转课堂的概念

翻转课堂在英文中是"Flipped Classroom"或"Inverted Classroom"，翻译成中文是"反转课堂"或"颠倒课堂"，这种新型的教学模式是随着互联网及信息技术的发展而产生的。翻转课堂不同于传统课堂，通过学生课前在家观看微视频和相关资源，完成课前自主学习任务，从而学习单元课时的知识点，课堂是师生之间合作交流、答疑解惑的平台，提高学生知识内化效果，提升知识灵活运用的能力，极大地推动了教学效果。

翻转课堂可以追溯到21世纪的美国。

拉赫（Lage，2000）是一名美国研究者，他在"Inverting the Classroom：A Gateway to Creating an Inclusive Learning Environment"一文中详细地介绍了教师在给学生教学时所采用的"翻转教学"方法，虽没有明确提出"翻转课堂"一词及其概念，但也算是首次较为系统地论述何为"翻转课堂"及其教学流程。[1]

伯格曼（Bergmann，2012）就任于美国科罗拉多州落基山的林地公园高中，他在《翻转课堂与慕课教学：一场正在到来的教育变革》这书中详尽地阐释了他们通过十多年实践论证的一种全新的翻转式课堂教学模式的科学性和实用性。基于实验的成功，翻转课堂才正式命名。[2]该书指出，翻转课堂

---

[1] Maureen J. Lager, Glenn J. Platt, Michael Tre glia. Inverting the Classroom：A Gateway to Creating an Inclusive Learning Environment [J]. The Journal of Economic Education，2000，31（01）.

[2] Jonathan Bergmann. Aaron Sams. Flip Your Classroom [J]. International Society for Technology in Education，2012：21-55.

教学模式改变了传统的以教师单向传授知识为教学主导的教学模式，通过翻转课堂教学以学生为授课中心，授课进程和授课内容以学生吸收接纳程度为依据，更为贴近教学实际，更好地培养了学生的学习思考能力和创新能力。这是教育的流行趋势，在这种课堂中，面对面教学和个性化学习通过现代技术完美结合，它将在线资源和技术与教师和学生之间的双方互动相结合。

马祖（Mazur，1991）为20世纪90年代初的哈佛大学教授，他曾在校内推广一种循证、互动式教学方法。[1]正如维基百科指出的那样，这是一种以学生为中心的方法，涉及通过将信息转移出去并将信息同化或学习应用转移到课堂上来的翻转传统课堂。翻转课堂是一种基于同伴教学的新表现形式，随着信息技术和教学理念的发展，必然具有创新性。翻转课堂颠覆了传统课堂的教学结构，试图将被动学习转变为主动学习，是主动学习与信息技术的结合。在这种方法中，宝贵的课堂时间转移到学生身上，专注于深入探索，并根据他们的个人需求寻求学习帮助。

同时国内的学者也对"翻转课堂"的概念进行了长期研究。

张金磊（2013）在《"翻转课堂"教学模式的关键因素探析》中通过对翻转课堂内涵的解读，明确教师角色的定位，并围绕微课视频、课堂活动的设计等关键因素进行探析。[2]

北京师范大学何克抗（2014）《从"翻转课堂"的本质看"翻转课堂"在我国的未来发展》较深入地论述了"翻转课堂"的真正内涵与本质，并为翻转课堂在我国的未来发展（"翻转课堂"的中国化）指出了明确的、可实施的努力方向。[3]

本书综合了国内外学者对翻转课堂概念的界定，对翻转课堂做出如下定义：翻转课堂是利用现代教育技术，录制微课教学视频并将微课和其他配套学习资源提供给学生，让学生在课前通过自主学习，完成新知识传授环节，而将巩固练习的知识内化环节放到课堂上，并通过答疑解惑、合作探究等方

---

[1] Eric Mazur. Can We Teach Computers to teacher?[J]. Computers in Physics，1991，5（01）.
[2] 张金磊."翻转课堂"教学模式的关键因素探析 [J]. 中国远程教育，2013（10）.
[3] 何克抗. 从"翻转课堂"的本质看"翻转课堂"在我国的未来发展 [J]. 电化教育研究，2014（07）.

式来实现真正的知识内化的教学模式。翻转课堂颠倒了传统课堂的教学顺序，将先教后学变为先学后教，遵循了学习的自然规律，翻转课堂注重学生自主学习能力和合作学习能力的培养，使学生真正成为学习的主体。

（二）翻转课堂的教学模式

概念界定之后，仅能理解课前、课上、课后学习过程中每一阶段的作用以及最终要达到的目标，并没有指出每一阶段明确的活动步骤，为了更好地进行教学环节设计，借鉴经典翻转课堂教学模型，发现、总结共性的活动步骤为后面教学环节设计提供思路。较典型的教学模型有以下几个。

美国富兰克林学院的罗伯特·塔尔伯特（Robert Talbert）通过任教总结出来的翻转课堂教学模型，主要分为课前和课中两个部分。课前学生通过教学视频学习，为有针对性地预习做准备；课中，首先通过快速、少量的评估来检查课前的学习效果，然后解决问题以促进知识的内化，最后总结和反馈问题和知识，具体的结构模型示意图如图5-4。

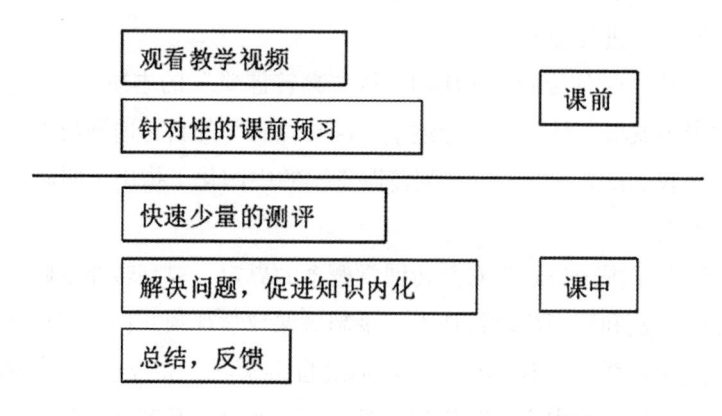

图5-4　罗伯特·塔尔伯特的翻转课堂教学结构模型[1]

---

[1] 蒋辅成. 翻转课堂教学模式在高中物理新课教学中的实践研究：以四川省大邑中学为例 [D]. 重庆：西南大学，2021.

南京大学研究生张金磊完善了罗伯特·塔尔伯特的结构模型,细化了各个学习环节,将信息技术与活动学习相融合,强调课前与课中之间的交互性以及根据不同的学习内容创建不同的学习环境,进行有针对性的教与学。[1]其中,他着重强调了信息技术因素,指出信息技术的支撑是学习活动顺利进行的重要保证,而此模式要求学生在课上独立探索,对学生的学习能力要求较高,模型结构见图5-5。

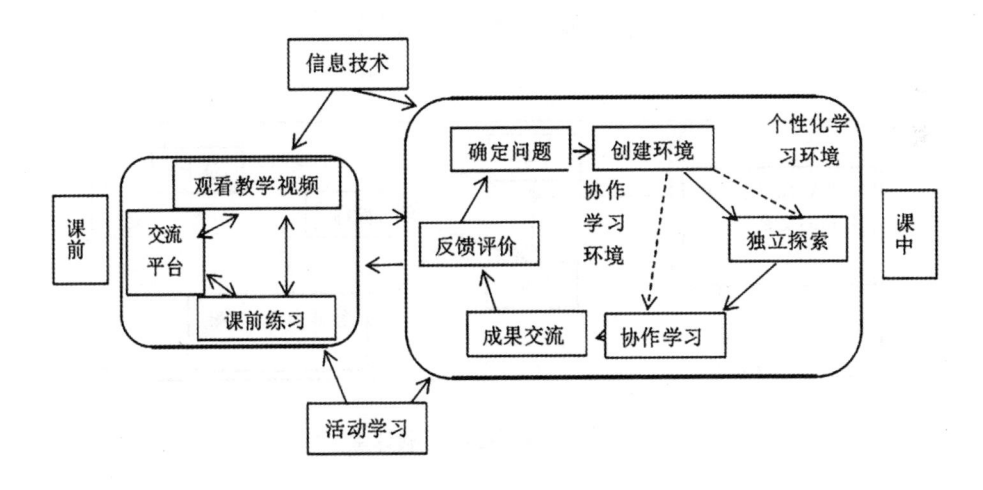

图5-5 翻转课堂教学结构模型[2]

河南师范大学李娟等人利用播客平台资源丰富的特点创设了"基于播客的翻转课堂模式",此种方式打破了学习资源仅源于教师的限制。同时,学生还可以将自己的学习成果上传到播客,具体教学结构模型图如图5-6和图5-7。

---

[1] 张金磊,等.翻转课堂教学模式研究 [J].远程教育杂志,2012,211(2):46-51.
[2] 张金磊,等.翻转课堂教学模式研究 [J].远程教育杂志,2012,211(2):46-51.

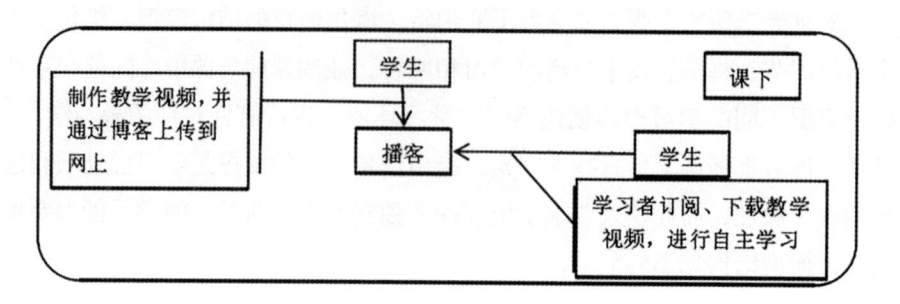

图5-6 基于播客的"翻转课堂"①

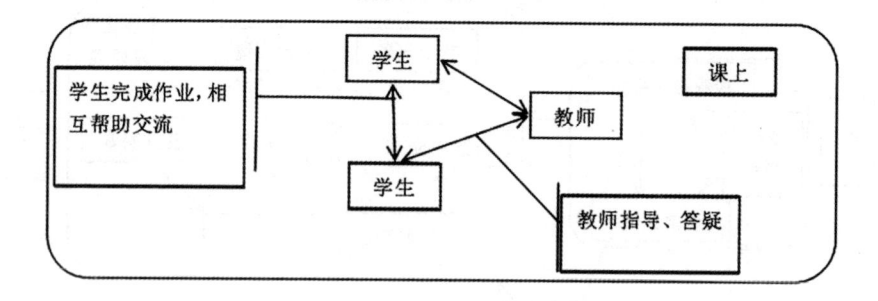

图5-7 基于播客的"翻转课堂"②

  河北大学的陈洁利用交互白板的记忆存储功能，提出了"基于交互白板翻转课堂的教学设计"，将课堂中学生的学习活动存储下来方便学生复习，帮助老师进行教学反思和交流，具体教学结构模型图如图5-8。

---

① 李娟，程静飞，程彬.基于播客的课堂教学改革："翻转课堂"[J].轻工科技.2013，173（4）：160-163.

② 李娟，程静飞，程彬.基于播客的课堂教学改革："翻转课堂"[J].轻工科技.2013，173（4）：160-163.

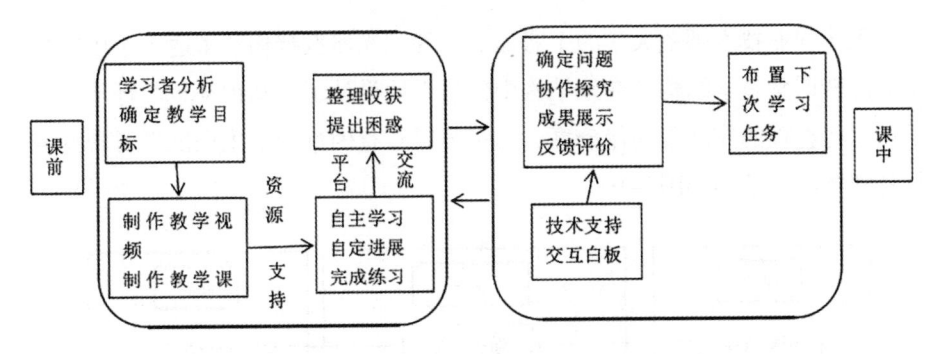

图5-8 基于交互白板翻转课堂模型①

东北师范大学王红等人，在国内外典型案例的基础上结合国内教学实情，设计了"本土化的翻转课堂教学模型"，该模型注重活动细节安排的顺序性以及详尽性，突出了家长的监督作用，从而形成了"学生—家长—老师"三者之间的互动，具体教学结构模型图如图5-9。

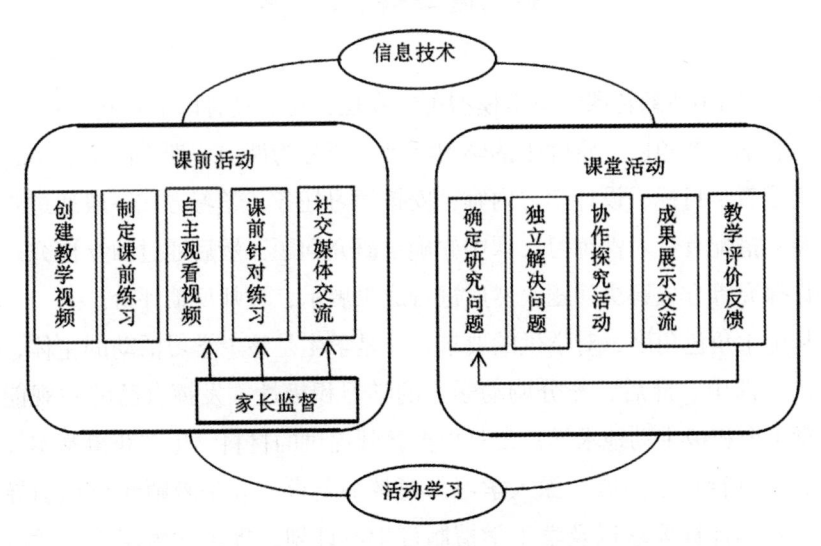

图5-9 本土化的翻转课堂教学模型②

---

① 陈洁.基于交互白板的翻转课堂教学案例设计[D].保定：河北大学，2013.
② 王红，赵蔚.翻转课堂教学模型的设计[J].现代教育技术，2013，23（8）.

天津职业技术师范大学的王彩霞老师和刘光然教授构建了适用于中职教学的翻转课堂教学结构，在该结构中创造性地设计了"知识补救"环节，一是可以将整理的作品跟同伴分享，二是可以对有困难的学生提供学习资源进行补救学习，结构如图5-10。

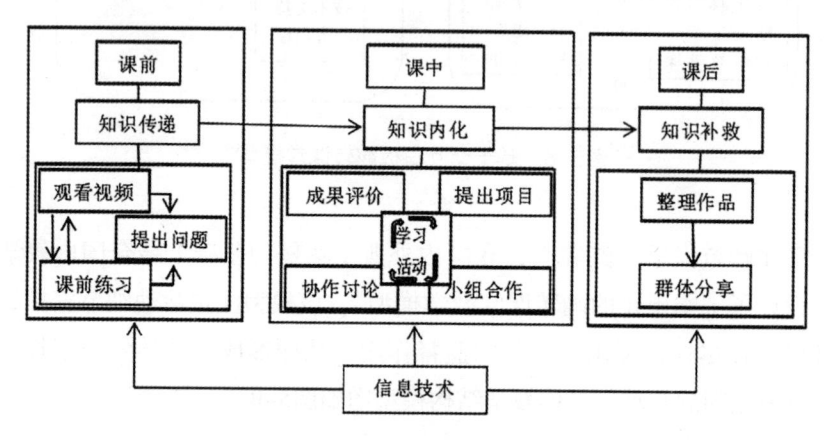

图5-10　翻转课堂优化教学模型[①]

综合以上6种翻转课堂教学模型可以发现，设计具有以下共同点：

从教学环节角度，将师生的学习活动主要分为课前、课中两个环节，课前要确定教学目标，设计学习内容，安排学习任务，学习方式一般通过观看教学视频搭配有针对性练习；课中先确定研究问题，然后通过独立探究、小组协作探究等方式解决问题，然后进行成果展示，教师反馈评价。

从师生角色角度，对学生的要求，一是学生是整个学习活动的主体，贯穿课前、课中、课后，充分调动学生的学习积极性，发挥自己的主观能动性，学生要积极主动地求学；二是根据教师提供的材料学生在获得基本知识的基础上进行自主拓展，深入学习。对教师要求，一是教师起组织引导作用，要根据课标要求以及学生学情制订学习计划，提供学生需要的学习材料，明确安排学习任务，做到脚踏实地；二是教师要针对学生提出的问题及时反馈。

---

① 王彩霞，刘光然. 翻转课堂优化中职课堂教学探析 [J]. 中职教育，2013（6）：41-44.

从教学方式角度，强调信息技术的重要作用以及师生在学习活动中的交互性。

二、翻转课堂教学模式对大学英语阅读教学的意义

（一）翻转任务型教学模式能够提升被试的英语阅读成绩

贺学勤（2016）的研究指出，翻转任务型教学对引领学习有积极作用。除了让学生明确学习目标，相关的任务也是针对不同的形式和要求设计的。在翻转课堂学习中，学生更加积极主动，任务为他们提供了明确的指引，这种更加活跃的教学氛围有助于提高学生的英语阅读成绩。翻转任务型教学模式以基于翻转课堂的任务型教学活动为主线，开展多种形式的学习活动，课前提供活动单自主学习、课中任务引领合作学习、课后任务拓展交互学习相结合，注重体现学生在课堂上的主体地位，让学习者在学习过程中掌握主动权和话语权，激发其学习兴趣与积极性，促进英语阅读成绩的提高。

（二）翻转任务型教学模式能够提升被试的英语阅读理解能力

学生们普遍反映，之前在常规的教学情境下，自己基本上不会去预习文章内容，只是在课堂上跟着老师学，也没有什么深入思考。但现在自己逐渐会有意识地带着问题去读文章，总结文章的框架和提取重点信息，不知不觉中自身的阅读理解能力以及表达能力都有了良性发展。在进行翻转任务型教学时，在课前实验班被试需要通过自主学习教学视频来理解阅读文章，完成准备活动。准备活动单中的辅助性题目需要学习者在问题链的指引下从文章中提取并概括完成，这就是在着重训练被试的提取以及概括能力。课中通过小组合作成果汇总的方式来深入把握文章，完成任务，突破重难点，这是对阅读理解能力的综合训练。课后的学习训练与课前和课中阶段学生的任务完成情况衔接，对所学再次进行巩固拓展。所以被试在课前、课中以及课后都

通过不同的形式接受着主旨概括、细节提取和推理判断能力的训练，多次强化促成了实验班被试这三个方面阅读理解能力的提升较为明显。

（三）翻转任务型教学模式能够提升被试的英语阅读动机

在进行翻转任务型教学时，在课前实验班被试需要通过自主学习教学视频完成准备活动单，而且可以通过网络教学平台向教师反馈自主学习情况。这一自主学习环节需要学生发挥自身的学习主观能动性，将把控学习节奏作为学习主体的成就感和满足感。课后的学习训练与教学评价意见单给了学生反馈教学意见的话语权，所以课前的自主学习以及课后的交互学习对被试的阅读自我效能感和阅读内在动机的提升作用比较明显。课中被试主要通过分组协作的方式来推进学习。通过与其他小组的概括和方法进行比较，学生发现自己和其他同学在成果之间的差异及需要改进的地方，从而加深其对课文的理解，熟悉了解决问题的方法。同时学习成果被同伴和老师认可也使学习者获得了信心和动力，与其他同学以及教师之间沟通次数的增多促进了社会交往动机的提升。

三、翻转课堂教学模式在大学英语阅读教学中对学生思辨能力的培养

（一）利用数字化教学资源，实现信息化教学与常规教学的融合互鉴

为深入实施教育数字化战略行动，国家以及社会层面都推出了很多精品化的中小学共享课程。教师可以将这些数字化教学资源利用起来，发掘其优势价值，给常规教学增势添利。这既是迎合教育信息化的要求，也是给常规教学锦上添花的手段。

（二）结合多种学习方式，循序渐进提升学生的阅读理解能力

在课前自主学习过程中，学生通过观看教学视频以及完成活动单达成整体理解阅读文章的目标，为课中阶段通过合作学习来完成任务，为深入理解文章打下良好基础。课后的交互学习则是通过读写结合的方式再次进行阅读理解能力强化训练。这种分阶段的不同学习方式指向一方面能比较好地激发学生的学习动机，另一方面能通过不同阶段的任务活动从不同角度锻炼学生的主旨概括能力、词义猜测能力、推理判断能力以及细节提取能力，实现细化训练和综合训练的结合，达到循序渐进提升学生阅读理解能力的目的。

（三）听取反馈意见，优化任务设置和提升学生的阅读动机

在任务型教学当中，任务的设计是关键。教师除了要深入分析教材和学情，进行合理的教学设计，遵循基本的任务型教学原则外，还要注意任务型教学是强调以学习者为中心的，所以听取学生的意见很重要。

第五节 批判性阅读教学模式

一、批判性思维

纵观学界，对批判性思维的理解可以追溯到哲学、心理学、教育学，护理学等领域，各领域对批判性思维所持的认识也不相同，研究重点也有所差异。"批判性"一词源自希腊语"Kriterion"（标准）以及"Kritikos"（辨明或判断的能力）。批判性思维（critical thinking，CT）一词在不同文献中被译作"思辨能力""高层次思维能力""审辨式思维"等。

批判性思维源自古希腊著名哲学家苏格拉底提出的问答法，他按照谈话的内容不断追问，由此引发思考并概括意义，对培养批判精神具有开创性意义。"批判性思维"的现代意义概念是从美国哲学家约翰·杜威（John Dewey, 1910）《我们如何思考》一书中所提出的"反思性思维"（Reflective Thinking）开始。[1]该理论是批判性思维首次出现于心理学领域，对后续批判性思维的研究趋势产生影响。20世纪70—80年代期间，美国高校出现"非形式逻辑"或"推理"课，更注重批判性思维的现实生活论证方式，学界关于批判性思维的新思路应运而生。迈克佩克（McPeck, 1981）认为批判性思维是指能够恰当运用反思性来解决问题。进入21世纪，部分国内学者也对批判性思维产生了思考。[2]罗清旭（2000）认为批判性思维即在学习过程中能够对背景知识、方法、证据、推理和结论等方面进行批评的个体品质。[3]在心理学领域，朱智贤、林崇德（2002）将批判性思维定义为"擅长对思维素材进行严谨评估，对思维进行细致检验的智能素质"，是"解决问题与创新思维"的重要组成部分。[4]哲学界王习胜（2006）指出，批判性思维就是有意识地判断一定信仰或行为合理性的一种思维方式。[5]杨武金（2007）认为批判性思维的本质是逻辑学科，重推理与论证。[6]

本书中笔者采用《德尔菲报告》中对批判性思维的界定，即批判性思维是有目的的、通过自我校准的判断，包括认知技能与情感倾向两个维度，其中认知技能包括阐释、分析、评估、推断、解释、自我调节六个子技能。与英语学科核心素养水平划分中不同层级思维品质表达中提及的"分析、推断

---

[1] Dewey. How we think: A Restatement of the Relation of Reflective Thinking to the Educative Process [M]. Boston: D. C. Heath & Company, 1993.

[2] McPeck. Critical Thinking and Education [M]. New York: St. Martin's Press, 1981. 65 Paul. R. & Elder, L. Critical Thinking: Learn the Tools the Best Thinkers Use [M]. New Jersey: Pearson Prentice Hall, 2006.

[3] 罗清旭. 批判性思维理论及其测评技术研究 [D]. 南京师范大学, 2002.

[4] 朱智贤, 林崇德. 思维发展心理学 [M]. 北京: 北京师范大学出版社, 2002.

[5] 王习胜. 批判性思维及其技能研究 [J]. 扬州大学学报: 高教研究版, 2006（2）: 6-9.

[6] 杨武金. 论逻辑和批判性思维的作用 [J]. 宜春学院学报, 2007（S1）: 4-7.

信息的逻辑关系""正确评判各种思想观点""具备多元思维意识"等均指向批判性思维。

二、批判性思维教学模式在大学英语阅读教学中对学生思辨能力的培养

（一）研读理论，解析课标，明确目标要求

针对问卷和访谈中教师对思维培养的认知不足等问题，建议教育从业者对教学大纲中思维品质发展的总目标和分级水平中有关批判性思维的部分进行提取，并梳理学业质量标准与水平表现中与阅读过程中的批判性思维发展高度相关的质量描述。整合两部分内容后进一步聚焦新课标核心素养视角下批判性思维的内涵，明确在阅读教学中培养学生批判性思维的目标指向，即（通过学习，学生能够）根据环境条件（话题、文本语境、问题情境等），分析信息（包括观点和思想）之间的关联和差异，发现原因，从中推断信息间的逻辑关系。针对所获取的信息（尤其观点和思想背后的假设前提），通过求证、辨析、判断信息的真实性乃至观点和思想的价值。通过提出批判性的问题进行质疑，做出评价；形成自己的看法、观点和思想；在此过程中发展出不盲目接受或否定的心智倾向。

（二）鼓励学生提出问题

基于学生在阅读过程中评估与自我调节子技能培养欠佳，教师在阅读课程中解释与自我调节意识较差的现象，建议教师多鼓励学生提出问题。MaoLingyan（2010）认为"质疑本身就是一种批判性思维"，批判性思维的发展是一个提出问题的过程。因此，教师应该鼓励学生提出问题，而不仅仅是教师提出问题来让学生来回答，即使是老师提问题，提出的问题也要涉及不同的层次。教师不应该只问"是"或"不是"的问题，而应该问学生更多

需要给出具体原因来阐释观点的问题。这些问题不仅是关于语言层面的，如单词或句子结构，而且要关于宏观理解与章节分析相关的问题。具体来说，在实际教学中，教师不仅要帮助学生解决语言困难，也要引导学生注意课文后面的"故事"，如作者的写作目的、写作背景，并将这些宏观的历史情境、社会文化环境与文本中的微观语言符号联系起来，充分理解整篇文章。

（三）优化多元评价手段

针对教师在访谈中提及的学生思维的培养较为漫长，且教师需要不定时追踪学生思维发展状况这一现象，建议以多元评价为手段（评价主体和评价方式的多元化），鼓励学生积极思维，倡导过程评价。周婧宇（2018）认为，过程性评价最重要的作用不是对学生批判性思维能力进行分级，亦非甄别和评比学生的心智态度，而是以批判性思维的标准为参照系来对其不同侧面在阅读教学中的应用进行比较，让学生主动地总结和反思自己批判性思维的培养过程。同时应注意到批判性阅读的教学模式主张学生对同一问题产生尽可能多的解决办法，追求开放多元的价值取向，鼓励学生超越课本，挑战教师，逆向地进行思维，促进学生核心素养的落地与发展。

第六章　大学英语以读促写教学与学生思辨能力的培养

写作作为一种认知和思维的构建过程，从判断写作主题、生成思想、组织思想到修改都伴随着分析、推理、评价、解释、说明等思辨能力的使用。然而，当前部分大学生的写作水平与课程标准的要求尚有差距，存在写作兴趣不强、写作策略缺乏等问题，而教师对写作教学重视程度不够，对学生写作过程的指导不足且批改方式单一陈旧。与此同时，思辨能力普遍缺乏也是大学生所面临的困境之一，包括学生的创新能力、分析问题能力以及独立提出见解能力等。因此，探索可行的教学模式以提高大学生的思辨能力和写作能力就显得尤为重要。近年来，以读促写作为新型教学模式致力于改变现状，它在我国的研究一直持续深入。国内多数学者肯定了其促学优势，认为以读促写有利于创新思维能力的培养，并提供恰当的语境，帮助学生自我纠错，提高学生的综合语言运用能力等。因此，以读促写作为近几年新型的写作教学模式对提高大学生的思辨能力以及写作成绩有着至关重要的作用。本章基于前面章节对阅读相关内容的论述，探讨大学英语以读促写教学与学生思辨能力的培养。

第一节　以读促写与读后续写

一、以读促写模式

近年来，在众多研究人员的努力下，"以读促写"这一概念得到了广泛的认可，一些学者也从各个方面给出了关于"以读促写"的界定。斯皮维（Spivey，1990）提出从构造主义的观点来看，阅读和写作的过程为一个意义构造的过程。[①]学习者需要在大脑中形成一定计划，然后结合大脑中的图式，使用已掌握的知识产生对意义的推理，最终学习者能够描述提出自己所读或所写的观点，这就是"以读促写"。斯坦（Stein，1999）提出，"以读促写"是首先在阅读中输入目的语言，然后在头脑中对可理解输入的语言进行信息加工，最后根据目的语有条理组织地输出语言的过程。[②]菲茨杰拉德和沙纳汉（Fitzgerald & Shanahan，2000）分别从两个方面给出了"以读促写"的定义。[③]从理论上讲，学生在完成一项写作任务时，所展现出来的是他们自身的能力与品质。从教学角度讲，就是把读写有机地结合起来，从而达到提高教学效率的目的。余立霞在2004年提出了"读写"的概念，即"读"与"写"的相互关系，即"读"与"写"的相互关系。将英语作为一门外语学习时，必须有相应的语言输入和相应的输出量，才能使学习者在较短的时间内达到预期目的。写就是读的应用，读为写做好了铺垫，大量的输入会促

[①] Spivey, N. N. Transforming Texts: Constructive Processes in Reading and Writing. Written Communication, 1990（2）: 256-287.

[②] Stein, H. Fundamental Concepts of Language Teaching. Oxford: OUP Teaching English as a Second or Foreign Language [M]. Boston: Heinle & Heinle, 1999.

[③] Fitzgerald, J. & Shanahan, T. Reading and Writing Relations and Their Development. Educational Psychologist, 2000, 35（1）: 39-50.

进大量的输出。[1]本文将以读促写定义为：以读促写是一种将阅读作为输入、写作作为输出相结合的语言习得方法。杨琳于2022年围绕"以读促写"的模式展开了实践教学，通过研究提出了"以读促写"的教学模式为三个方面，即"巧"用片段教学，根据写作教学侧重点选择文本片段进行阅读，然后进行自由写作；"精"选阅读素材，教学者需要在学生进行片段阅读后进行篇章阅读，要求科学选材，提高阅读质量与趣味性；"妙"用支架教学，首先确定学生的"最近发展区"，然后分别从语言，思维和情感科学搭建支架，最后开展写作与评价反思总结。[2]陈锐英于2017年在实践研究中总结出"以读促写"的模式为引入、阅读、口语活动、写作展示和评价五个环节。陈锐英强调在阅读过程中要以学生为中心，把复杂的任务进行分解，根据支架式教学理念为学生搭建合理的支架。[3]张珍喜于2010年在初中英语教学中提出"以读促写"的教学模式，即阅读之前、阅读之中、阅读之后三个阶段的阅读。在读前创设真实语境，筛选与写作目标直接相关的阅读材料，多种方式练习目标语言，以促成以读促写的迁移。在读中应用阅读策略获取写作所需要的信息，如话题信息、文章框架结构和优秀语言，从而进行记忆和模仿练习。在读后引导学生小组讨论，模仿写作。[4]郭强于2016年通过一节读写课进行展示以读促写的模式，即"输入语言信息—以说为主导开展语言活动—以写的方式输出语言"的教学模式。其中，他强调阅读任务可以从以下三个方面设计：一是语篇的内容表达及主题；二是语篇的体裁及文本的结构框架；三是基于语篇的语言材料的特点。然后通过图式建构任务的设计将学生的阅读信息输入加工内化为形式图式（对语篇体裁、结构的理解）、语言图式（对语篇词汇、句型的掌握）和内容图式（对语篇背景知识和主题的推

---

[1] 余立霞.英语阅读与写作的关系[J].齐齐哈尔大学学报（哲学社会科学版），2004（4）：122-123.
[2] 杨琳."以读促写"教学模式在高校英语写作教学中的应用[J].吉林农业科技学院学报，2022（3）：118-121.
[3] 陈锐英.以读促写教学模式在高中英语写作课堂中的运用[J].英语教师，2017（7）：150-153.
[4] 张珍喜."以读促写"的教学模式在初中英语教学中的应用探析[J].中国科教创新导刊，2010（27）：54+84.

断）。①郭强于2016年提出以读促写教学模式的设计应遵循四个原则：一是输入信息高质量原则：高质和高量输入；二是阅读和写作的相关性原则；三是写作支架搭建的有效性原则；四是书面语言输出环节设计的优化性原则。董祝君于2018年提出以读促写模式的要注意：一是读写活动设计与目标保持一致性；二是读写内容保持一致性；三是读写活动设计难度适中。②陈纯于2018年提出以读促写教学模式应当包括以下三个原则：一是从文章主题内容进行情感教育；二是从文章体裁结构增强学生谋篇布局意识；三是从文章语言入手丰富表达形式。③

综上所述，研究者们都共同将"以读促写"的教学模式归纳总结为以下三个步骤：一是读前选材精心引入；二是读中根据学生最近发展区，搭建语言内容结构等方面的支架；三是读后模仿写作输出。研究者们不仅研究了"以读促写"具体的教学模式，同时也提出在应用模式的过程中需要注意的原则。研究者们着重强调在选材的过程中应该注重阅读材料与写作材料一致性原则，并进行大量的可理解的输入和输出。这对教师和教师如何根据"以读促写"的要求，选用合适的写作素材具有一定的指导意义。但是研究者们在"以读促写"应用过程中提出的注意要点和原则方面较少。

二、读后续写模式

读后续写是一种结合阅读进行写作训练的方法，它由谁发明目前还不得而知，但在我国外语教学研究中能发现它的踪迹。早在20世纪90年代末我国学者④就提出的写长法，正是运用类似读后续写的方法来激励外语学习者写

---

① 郭强. 高中英语以读促写教学模式的实践探究与思考 [J]. 中小学外语教学, 2016（3）: 35-39.
② 董祝君. 新课标背景下的高中英语写作教学"以读促写"教学模式初探 [J]. 佳木斯职业学院学报, 2018（9）: 352-353.
③ 陈纯. 高中英语读写结合教学模式的尝试与思考 [J]. 英语广场, 2018（1）: 137-138.
④ 王初明. 外语写长法 [J]. 中国外语, 2005（01）: 45-49.

长文。随着"学伴用随"原则的提出，读后续写的理论意义也得到完善，其应用价值也得到了重视。基于互动协同模式（Interactive Alignment Model）[1]，我国著名学者王初明（2012）发表《读后续写———提高外语学习效率的一种有效方法》一文，该文首次明确地提出了"读后续写"的概念并介绍了读后续写任务的操作方法：首先，根据学习者的语言水平，挑选一篇学生感兴趣并有续写欲望的、长度与难度都适中的阅读材料；其次，截去该阅读的结尾从而形成不完整的语篇；最后，要求学生在阅读、理解截留故事的基础上，充分发挥其想象力以补全、创造内容完成续写的目的。[2]

学者们对王初明（2012）界定的"读后续写"的概念持一致的看法，他认为读后续写是一种以互动协同模式为基础的结合阅读进行写作训练的方法，其最突出的特点是实现了语言的模仿与创造性的使用紧密结合、语言的输入与输出有机融合。

第二节　国内外以读促写的研究

一、国内外以读促写研究

（一）国外的以读促写研究

早期将读写分开，分开授课。"以读促写"是阅读与写作相融合的一种

---

[1] Pickering, M. J., & Garrod, S. Toward a Mechanistic Psychology of Dialogue [J]. Behavioral and Brain Sciences, 2004, 27（2）：169-190.
[2] 王初明. 读后续写：提高外语学习效率的一种有效方法 [J]. 外语界，2012（05）：2-7.

教学方式。"以读促写"的理论与实践，源自对二者的相互联系的探讨。阅读和写作的相互影响是世界范围内许多学者关注的问题。以读促写的相关性和有效性在逐渐在众多研究者的实证研究中得到证实。20世纪60年代，菲德尔和麦克尼尔（Fader & McNeil, 1968）通过调查以英语为本族语言的学习者，发现阅读与他们的写作水平之间存在着紧密的联系，从而提出了英语教育的新观点。[1]20世纪80年代以来，英语学习者对英语阅读与英语阅读进行了大量的调查，结果表明，英语阅读与英语阅读的发展趋势是一致的，并且两者之间有一定的联系。布雷斯韦尔和弗雷泽里克森（Bracewell & Frederiksen, 1982）提出"作家首先必须是读者"。[2]他们认为，读者必须进行相应的阅读，才能组织写出一篇文章。写作需要较高的阅读能力，为了写出好文章，读者需要经过有针对性的阅读训练才能将学到的语言组织成一篇文章。司托茨基（Stotsky, 1983）[3]认为，写与读密切相关。写作能力高者阅读能力普遍也高，写作能力高者阅读量不仅大于写作能力低者，而且阅读能力高者所写文章的词语运用和句法结构都比阅读能力低者成熟。简帕卢斯（Janopoulous, 1986）研究发现，有规律地进行娱乐式阅读的学生的写作能力更强。库塞（Kucer, 1987）基于认知机理，认为读写具有四种类似的认知基础，即使用已有知识构建语篇，与大脑中的资料库输入或输出信息，语言与语篇的互转换性，对语篇的语言处理模式相似。沙纳汉和洛马克斯（Shanahan & Lomax, 1988）在研究中指出，运用了结构方程模型分析了阅读与写作的关系，重点考察了不同阅读水平与写作水平的关系，结果表明，以读促写的教学模式对学习者的写作水平提升作用显著。克拉申（Krashen, 1989）在其情感过滤假说中，他提出了一个观点，即阅读输入可以帮助学

---

[1] Fader, D. N., & McNeil, E. B. Hooked on Books: Program & Proof [J]. Adjustment, 1968（23）: 6.

[2] Bracewell, R., Frederiksen, C. H., & Frederiksen, J. D. Cognitive processes in composing and comprehending discourse [J]. Educational Psychologist, 1982, 17（3）: 146-164.

[3] Stotsky, S. Research on Reading and Writing Relationships: A Synthesis and Suggested Directions [J]. Language Arts, 1983, 60（5）: 453-467.

生提高英语写作能力。[1]斯坦（Stein，1990）提出"以读促写"的教学模式，教学者可以按照监控、解释说明、组织对象和做好计划这四个步骤进行。[2]卡森和乐其（Carson & Leki，1993）提出了"读"是"写"的基本，并认为好的阅读可以提炼出更多的东西来帮助写作。[3]曾（Tsang，1996）在此基础上，运用比较试验方法，研究了阅读与写作相结合的方法，并与传统的写作方法进行了比较。在阅读和书写结合的实验中，这些方法在阅读和使用效率上都有了很大的提高。[4]格拉贝和卡普兰（Grabe & Kaplan，1999）认为，阅读与写作两者所涉及的认知子过程存在着潜在的等价性、依赖性和强关联性。[5]斯莫伦（Smalzer，1996）提出，读与写应当融为一体。[6]赫文拉（Hirvela，2013）在前人研究的基础上，对阅读和写作的相关性进行了详细的阐述，并提出学习者可以对其进行解码，然后转述所获取信息，最后进行写作的编码程序。[7]

综上所述，国外对阅读与写作相关性的研究丰富，并具体提出输入与输出的第二语言的习得的过程。因此，在今后的教学中，教学者需要将阅读与写作相结合，将所学语言内化然后产出，以达到学习效率更高，效果更好。

---

[1] Krashen, S. We acquire vocabulary and spelling by reading: additional evidence for the input hypothesis [J]. The Modern Language Journal, 1989, 73（4）: 78-83.

[2] Stein, V. Using What You Know. In L. Flower and V. Stein（eds）. Reading- to‐writing Exploring a Cognitive and Social Process [M]. New York: Oxford University Press, 1990.

[3] Carson, J. G., & Leki, I. Reading in the composition classroom: Second Language Perspective [M]. Boston: Heinle & Heinle Publishers, 1993.

[4] Tsang, W. -K. Comparing the effects of reading and writing on writing performance [J]. Applied Linguistics, 1996, 17（2）: 210-233.

[5] Grabe, W., & Kaplan, R. C. Theory and Practice of Writing: An Applied Linguistic Perspective [J]. TESOL Quarterly, 1999, 33（2）: 302.

[6] Smalzer, W. Write to be read: reading, reflections, and writing [M]. Cambridge University Press, 1996.

[7] Hirvela, A. Connecting reading and writing in second language writing instruction [J]. Flannery Oconnor Review, 2013, 12（8）: 494-498.

（二）国内的以读促写研究

20世纪90年代，我国英语语言研究相关的学者开始对阅读与写作的相关性进行积极的研究和探索。大多数的研究重点集中在读写关系上。相关的大量实验表明，阅读可以促进学生的写作水平。研究者们从各个方面具体地阐述了阅读对写作在内容、语言和结构等方面的影响。谢薇娜（1994）认为，在阅读与写作有相关性的基础上提出在进行阅读与写作应当交互协同进行，帮助学生培养良好阅读习惯和策略，帮助解决写作障碍。[1]杨丽于1996年采用实验心理语言学的研究方法，试图将英语阅读与写作在认知过程中的相关性集中在对语篇的理解和运用能力的探讨上，研究结果显示，学习者对篇章结构的认识和理解能力越强，学习者的阅读总体水平就越高。[2]马广惠、文秋芳（1999）通过研究发现，阅读能力强的学习者能更准确地获得写作所用到的有用表达。因此，他们提出阅读能力影响阅读水平的观点，即词汇量越大，内容越丰富，文章整体水平就越高。[3]王蔷（2000）指出，教学者提供模板能帮助学生写出更好的文章。同时，结构层次清晰地阅读信息有利于写作活动顺利进行。席旭琳在2010年提出阅读与写作相互依存，在此基础上，她具体提出以读促写能为写作提供写作素材，能大量地在语境下为学习者提供所需的语言知识，加深对语言知识的可理解性输入和增加语言。在实际教学中，应该运用阅读和写作的内在联系，来提高写作水平。[4]柳晓韵（2015）研究发现阅读时深入阅读文章，并且将其应用于写作教学，也就是"以读促写"，有利于学生写作成绩的提高，并在文章的主题，内容，结构，语言等方面、逻辑与连接词有所改进等。[5]

综上所述，国内对阅读与写作的相关性的研究较为成熟，许多研究证实了阅读从语言、内容和结构等方面对写作产生积极影响。但研究者们并没有

---

[1] 谢薇娜.谈阅读与写作的交融性 [J].外语教学，1994（4）：50-52.
[2] 杨丽.语篇知识在阅读与写作过程中的相关性 [J].现代外语，1996（2）：46-48.
[3] 马广惠，文秋芳.大学生英语写作能力的影响因素研究 [J].外语教学与研究，1999（4）：7.
[4] 席旭琳.谈英语阅读教学对写作的影响 [J].中国成人教育，2010（8）：173-174.
[5] 柳晓韵."以读促写"在高中英语写作教学中的应用研究 [D].南京：南京师范大学，2015.

对深度阅读具体的步骤进行总结归纳，存在个体化差异，借鉴其他阅读课实践性不强。

除了关于"以读促写"有效性和相关性的研究数量也逐步增多，从高等教育到基础教育阶段三个方面，中国广大研究者对"以读促写"从对不同的研究对象做了诸多实证研究。

（1）在高等教育方面，钱建伟（2008）研究发现，"以读促写"比"传统法"更能提高英语专业学生的写作水平。他发现，"以读促写法"可以有效地调动英语专业学习者学习英语写作的积极性、自主性与创造性，有助于激发他们对写作产生浓厚的兴趣。[①]由此可见，"以读促写"应用于英语专业写作教学是切实可行的。

（2）研究者们也涉及了对高中学习者的以读促写的研究。秦惠康（2011）在前人论证了以读促写有利于提高学生英语水平的基础上，侧重结合具体案例，通过大量实践研究，分析归纳了"以读促写"多种教学策略应用于具体实例的成效和特点。[②]他研究发现，不同阅读文本应采取不同教学策略。秦惠康在教学实践基础上总结出高中英语"以读促写"教学5条行之有效策略，分别是：读后缩写的策略、读后拓展（续写）的写作策略、读后仿写的策略、读后主题的写作策略和读后综合改写策略。程翠翠（2016）认为"以读促写"的教学策略有利于提高高中生的写作能力。但是研究此种教学法所给的模板一定程度上限制了学习者的思维。[③]刘莎（2018）致力于研究如何在高中英语写作教学中实践以读促写，在进行了一系列的教育实践之后，她对三种阅读方式进行了归纳，分别是：出声朗读、仔细默读及评注。[④]三种针对性的阅读方式各有利弊：出声朗读利于调动积极性调动和语言记忆，但理解易被干扰。默读利于篇章内容结构的理解，但注意力易下降；批注阅读利于内容理解但要求高，任务难。阅读方

[①] 钱建伟."以读促写"写作教学模式与英语专业学生英语写作水平的实证研究 [D]. 桂林：广西师范大学，2008.
[②] 秦惠康. 高中英语"以读促写"教学策略研究 [D]. 上海：华东师范大学，2011.
[③] 程翠翠."以读促写"在高中英语写作教学中的应用研究 [D]. 济南：山东师范大学，2016.
[④] 刘莎."以读促写"在高中英语写作教学中的应用研究 [D]. 济南：山东师范大学，2018.

式各有利弊。

（3）初中英语方面的"以读促写"研究丰富。刘燕华（2017）进一步论证前人研究，提出"以读促写"的写作教学模式能提高初中生的英语写作兴趣。他强调通过针对性的阅读任务来培养学生的写作习惯，并充分地利用从阅读中获得的结构、衔接词及语言知识等，从而可以提高初中生英语写作水平。①邓佳妮（2012）提出，以读促写教学模式能有效地提升初中英语写作能力。具体体现在增强篇章组织结构的技能，减少中式句子的表达使学生写得更加合乎英语语篇模式。②杨迪（2016）提出，"以读促写"教学模式能够让学生获取更多的语篇知识，从而有效地提升学生篇章组织结构方面的能力。因此，在初中英语写作教学中采取"以读促写"模式，通过适当的有针对性的阅读活动，可以让学生从阅读中获得语篇知识，改善学生作文语篇组织结构，从而提高学生的写作能力。③高瑞雪（2013）通过对当前农村初中英语写作教学的现状分析，结合教学实践，提出以"以读促写"适用于农村初中英语写作水平提高的教学。高瑞雪提出了具体的"以读促写"的具体步骤：精选材料、精泛读结合、多种写作策略和润色文章。④

综上所述，在英语写作教学中，通过将阅读和写作结合起来，可以提高写作的质量。这些研究大多数都在探讨大量的阅读输入能否提高写作输出的质量。这些研究的结果均表明阅读对写作起着积极的作用。但是，目前以读促写相关方面的研究大多都是与英语写作能力相关性的研究，即将"以读促写"教学法应用到不同英语写作水平的应用研究。研究者们对英语写作水平测试的方法多采用将高考的第一个应用文作为测试，测试成绩可以作为作文水平来比较采取"以读促写"教学法的有效性。

---

① 刘燕华."以读促写"写作模式在初中英语写作教学中的实证研究 [D]. 聊城：聊城大学，2017.
② 邓佳妮."以读促写"在初中英语教学中的实证研究 [D]. 南京：南京师范大学，2012.
③ 杨迪.基于语篇知识的"以读促写"模式在初中英语写作教学中的实证研究 [D]. 杭州：杭州师范大学，2016.
④ 高瑞雪."以读促写"在农村中学英语写作教学中的应用研究 [D]. 哈尔滨：哈尔滨师范大学，2013.

二、国内外读后续写研究

（一）国外的读后续写研究

回顾以往文献可以发现，国外学者普遍认为阅读和写作之间存在相关性，且阅读对写作具有促进作用。洛班（Loban，1963）曾对学生母语的读写关系进行探索，这是西方最早明确阐述阅读和写作关系的相关研究，研究结果表明，写作表现越出色的学习者阅读表现也同样出色；反之，阅读表现差的学生写作产出不仅差，而且这种趋势随着学习者的年龄增加变得更加明显。[1]在20世纪80年代，西方进入了研究阅读和写作关系的黄金时期。司托茨基（Stotsky，1983）通过大量的研究得出与洛班相似的结论，即读写关系的正相关性。[2]随着时间的推移，学者们对读写关系的研究更为细致，一方面有学者认为学生阅读的内容会大大影响他们的写作产出成果[3]，这一结论与阿特金森和赫奇科克（Atkinson & Hedgcock）于1993年得出的"高质量的学术写作与学习者阅读能力高低息息相关"结论高度一致。[4]另一方面，菲茨杰拉德和沙纳汉（Fitzgerald & Shanahan，2000）提出的读写发展模型指出读写之间存在紧密联系，这种联系会反过来深刻影响读写技能的发展。[5]随着理论

---

[1] Loban, W. the Language of Elementary School Children [R]. Urbana: National Council of Teachers of English, 1963.

[2] Stotsky, S. Research on Reading/Writing Relationships [J]. A Synthesis and Suggested Directions Language Arts, 1983, 60 (5): 627-642.

[3] Tierney, R., Soter, A., et al. The Effects of Reading and Writing upon Thinking Critically [J]. Reading Research Quarterly, 1989, 24 (2): 134-173.

[4] Atkinson, D., & Hedgcock, D. Differing Reading-Writing Relationships in L1 and L2 Literacy Development [J]. Teachers of English to Speakers of Other Languages Quarterly, 1993, 27 (2): 329-333.

[5] Fitzgerald, J., & Shanahan. T. Reading and Writing Relations and Their Development [J]. Educational Psychologist, 2000, 35 (1): 39-50.

的完善，学者们开始转向读写一体化的应用实践。曾（Tsang，1996）[1]将英语为第二语言的学习者作为研究被试开展了实证研究，目的是探究读写相结合的模式对学习者的写作是否存在影响。结果发现，与传统写作教学相比，实验组的作文质量、语言表达层面和写作内容都显著提高。伊斯梅利（Esmaeili，2002）[2]以阅读材料主题与写作任务是否相关进行实验干预，其中实验组的阅读主题与任务高度相关，对照组的主题与任务不具相关性，研究发现，实验组的写作表现优于对照组。赫文拉（Hirvela，2005）则认为无论是显性指导的泛读还是隐形的自由阅读都能大大降低学生的写作焦虑，使学生更加集中关注材料本身的内容、词汇以及句法结构，从而提高学习者的写作表达。[3]

除此之外，大量的研究还聚焦在影响读写过程的内部因素（如学习者本身）和外部因素（如任务类型）。相比单纯的写作任务，读写结合提供了主题背景，词汇选择以及句子组织结构，这种方式大大减少了学习者的写作焦虑，增强了学习者的自信心。

（二）国内的读后续写研究

国内对读后续写的实证研究进行了大量探索，此外不少学者对读后续写在实际教学的应用也给予了关注。

1. 读后续写相关的实证研究

一方面，研究者聚焦验证读后续写的协同效应。Wang & Wang（2015）为了验证读后续写是否真的存在协同效应，他们仔细挑选了一篇文本作为测试材料（该文本涵盖中文版和外文版），并将学生分为两组，一组进行读英

---

[1] Tsang, Wai-king. Comparing the Effects of Reading and Writing On Writing Performance [J]. City University of Hong Kong, 1996, 17（2）: 210-219.

[2] Esmaeili, H. Integrated Reading and Writing Tasks and ESL Students' Reading and Writing Performance [J]. Canadian Modern Language Review, 2002, 58（4）: 599-620.

[3] Hirvela, A. Connecting Reading and Writing in Second Language Writing Instruction [J]. English for Specific Purposes, 2005, 25（01）: 123-129.

续英写作，另一组进行读汉续英写作，研究发现，读英续英组的被试使用原文中的表达频率更高，且语言犯错率明显低于读汉续英组。① 王敏、王初明（2014）在 Wang 的实验基础上再次对其数据进行深层剖析，得出英语组的错误率较低结论，主要体现在动词不定式、时态以及数一致这三个方面。② 王启（2021）以中国英语学习者为被试验证了协同效应是读后续写促学的根本来源。此外，有学者认为读后续写的协同效应不只发生在英语学习者中，对其他语言的学习者也同样适用。王初明（2015）以两名外国学生为被试，运用有声思维法来剖析收集到的录音数据，进而得出相关结论，即读后续写的促学是基于其符合二语习得规律建立起来的。③ 以母语为韩语的汉语学习者为例，协同效应不仅体现在句法结构和词汇等方面，而且可以显著减少语法错误。

除此之外，读后续写的协同效应不仅对汉语学习同样有效，而且其存在遍布不同教育层次、专业、目标语言的外语学习中。为了探究协同作用的具体层面，研究者从词汇、语法和语篇等语言知识层面上开展实验对其协同效果进行求证。在词汇领域，有学者认为读后续写能够促使学习者大大提高使用名量词的频率和使用类型，且量词方面的促学效果包括增加使用率以及提升准确率两个方面。但是也有学者提出相反的结论，在王启、王凤兰（2016）的研究中，读后续写模式虽然能大幅度降低二语写作中六类语法结构的偏误率，但对于副词和量词的效果却不太明显。姜琳、涂孟玮（2016）则对比了不同写作任务的词汇促学效果，结果证实，读后续写在词性、词义和用法三种维度中后两种维度的促学效果比概要写作更显著。④ 在语法领域，辛声（2017）考察了强化版和普通版的读后续写对高中生虚拟语气的习得效果，研究发现强化版的读后续写不仅能显著促进学习者对虚拟语气的掌握，

---

① Wang, C. M., & Wang, M. Effect of Alignment on L2 Written Production [J]. Applied Linguistics, 2015, 36（5）: 503-526.

② 王初明. 内容要创造语言要模仿: 有效外语教学和学习的基本思路 [J]. 外语界, 2014（2）: 42-48.

③ 王初明. 读后续写何以有效促学 [J]. 外语教学与研究, 2015（5）: 753-762.

④ 姜琳, 涂孟玮. 读后续写对二语词汇学习的作用研究 [J]. 现代外语, 2016, 39（6）: 819-829.

且不同形式的虚拟语气对促学效果也产生了影响。[1]在语篇领域，大部分学者认为学习者的语篇协同效果与语境息息相关，即读后续写为学习者创设了不同的语境条件且明显抑制了学习者使用母语思维的倾向。

除此之外，学者们也致力于发掘影响读后续写协同强度的相关因素。首先，给定相关文本能够大大降低学生的语言偏误和出现中式英语的概率。其次，学生的话题熟悉度越高，协同效应越强，所产出的语言准确度和复杂度虽然越高，但对流利度无明显影响。最后，对不同体裁的读后续写，已有相关研究证明读后续写的体裁类型不同，其协同强度不一，相对于记叙文，议论文的协同效应更显著，但记叙文的语言产出量更多。

2. 读后续写在教学中的应用研究

读后续写模式提出初期便有学者对其作为测试题的信效度进行检验，王初明、亓鲁霞（2013）为了探究读后续写运用于外语测试的可行性，以高中生为被试开展研究，研究结果证实了读后续写作为外语测试写作题型是可行的，且其信效度达到基本要求。[2]读后续写的优势能够有力促进我国学习者习得二语，浙江省基于此条件下将读后续写加入高考英语写作题型之一。越来越多的研究者甚至一线教师纷纷投入开发新题型的教学方法和相对应的考试分析。截至目前，许多学者已将读后续写应用于写作教学中并提出相关建议。彭红英（2017）设计了两个实验组和一个对照组共174名非英的大一学生进行研究，结果表明读后续写对二语写作的语言和内容连贯有促学效果。[3]何茜（2019）肯定了读后续写的作用，并结合具体教学实际指出学生续写过程中存在词汇运用偏误、文本基调把握不准确等问题。周一书（2019）以自己教授的非英语专业的185名为对象开展关于记叙文读后续写的行动研究，研究结果显示读写训练增强了学生创造性模仿优质语言的能力，优化了学生整体写作能力。[4]此外，在"续论"大方向的指导下，不少学者

---

[1] 辛声. 读后续写任务条件对二语语法结构习得的影响 [J]. 现代外语，2017，40（04）：507-517.

[2] 王初明，亓鲁霞. 读后续写题型研究 [J]. 外语教学与研究，2013，45（5）：707-718.

[3] 彭红英. 英语学习者写作连贯性的实证研究 [J]. 解放军外国语学院学报，2017（04）：87-92.

[4] 周一书. 续写训练提高大学英语写作教学成效的行动研究 [J]. 外语教育研究前沿，2019（01）：59-65+89.

提出各类新模式。例如，"读后续译"模式，其有效性已得到验证；合作续写模式，它比独立续写更能提高词汇使用的准确率和创造性使用率。

纵观国内外学者对读后续写的研究可知，国外学者的研究重点从独立研究阅读和写作转向研究二者结合的读写模式。学者进行了大量研究影响该过程的内外因素并对影响读写结合模式的影响因素进行了研究，如学习者本身的思辨能力、写作任务类型等，并肯定了该模式的优点，如减缓学生压力和焦虑，增强自信心等。国内学者研究重点主要集中在其相关的实证研究和教学中的应用研究这两个方面，多数学者对其协同效应进行求证，并探讨在语言层面上的协同效果和影响协同的具体因素。同时也有不少学者以读后续写在浙江高考首次运用为例开展研究进行考试分析和开发新型教学策略。由此可见，读后续写的实证研究和应用研究虽然还有待拓展空间，但读后续写的信效度分析及在高中的外语教学应用方面还有提升空间。

第三节　以读促写法与学生写作思辨能力提升

一、写作思辨能力

思辨能力（Critical Thinking），又被译为批判性思维能力。思辨能力最早由杜威（Dewey,1910）引入教育领域[1]，各界专家都曾对其进行概念界定，但思辨能力的含义至今还未得到统一。埃尼斯（Ennis，1985）认为，批判

---

[1] Dewey, J. How We Think [M]. Boston: D. C. Health & Co, 1910.

性思维是从实践的角度"决定相信什么或做什么"。[1]此后，他将自己的定义细化为"理性的反思思维，专注于具有潜在信念的决定和行动"。类似地，哈尔彭（Halpern，1998）将批判性思维与决策和解决问题联系起来，并将其更详细地定义为一套认知技能和情感倾向。[2]保罗和埃德（Paul & Elder, 2006）对思辨能力的阐述是"批判性思维是指个体为自己的思维负责，并为分析自己的思维制定适当标准的能力"。[3]根据保罗和埃德的观点，思辨能力由三个维度组成：思维的要素、智力标准和智力特征。他们提出人类拥有识别自身思维元素的能力，并能够通过按照智力标准评价自身对元素的使用程度，长此以往智力特征将得到发展。作为德尔菲法研究参与者之一的费希纳（Facione，1990）[4]认为，思辨涵括思辨技能和思辨倾向性两个方面，思辨技能包括分析、推理、解释、评价、阐述以及自我调节，思辨倾向包括真理思维、开放思维、分析能力、系统能力、自信、求知欲和成熟。国内学者基于已有的思辨能力定义再深入剖析，并提出自己的见解。文秋芳（2009）首次将思辨能力译为高层次思维能力，指出其包括两个层次：第一层面是元思维能力，即自我调控能力；第二层面是思维能力，包括认知和情感两个方面。[5]

上述关于思辨能力的定义都是基于宏观角度出发所做的阐述，而目前的研究关注点已细化到具体学科领域，英语写作中的思辨能力是学者们的关注点之一，所以写作思辨能力应被明确定义。写作中的逻辑思考必不可少，许多学者对写作思辨能力的定义进行阐述，并开发各种模型和量表对其进行评估。陈则航等认为，写作思辨能力指的是学生能够在完成写作任务的过程中

---

[1] Ennis, R. A logical basis for measuring critical thinking skills [J]. Educational Leadership, 1985, 43（2）: 44-48.

[2] Halpern, D. F. Teaching critical thinking for transfer across domains: Disposition, skills, structure training, and meta-cognitive monitoring [J]. American Psychologist, 1998, 53（4）: 449-455.

[3] Paul, R., & Elder. L. Critical Thinking: Learn the Tools the Best Thinkers Use [M]. New Jersey: Pearson Prentice Hall, 2006.

[4] Facione, P. California critical thinking skills test: College level [R]. ED327549, 1990.

[5] 文秋芳. 输出驱动假设在大学英语教学中的应用 [J]. 外语界, 2013（06）: 14-22.

明确提出自身想法并进行清晰论证的能力，它需要学生在已有知识的基础下综合运用给定材料对不同类型的问题和观点进行整体分析和客观评价。马利红（2021）认为，英语写作思辨能力是融合思辨技能和英语写作双重特性的高层次思维，它贯穿并指导整个写作过程。[①]英语写作思辨能力是指学习者能够在已有知识的辅助下对文本材料的观点进行分析、整合和评价，并在此基础上提出自身观点并进行有力论证的能力，它包含分析、推理、论述、评价、监控五大技能。

二、国内外关于以读促写对写作思辨能力影响的研究

（一）国外关于以读促写对写作思辨能力影响的研究

国外学者已通过对比实验证明了读写结合模式确实在很大程度上促进了学习者写作思辨能力的发展。蒂尔尼等人（Tierney, et al, 1989）通过对137名本科生开展实验研究，旨在探究读写结合模式是否比纯阅读或者纯写作模式更能促进学生的续写发展。[②]该研究的实验结果证明阅读和写作任务都进行的被试相较于其他组别的被试发生的变化更为显著。该实验验证了读写一体模式对学习者思辨能力的促进作用，但实验得出的结论太多，一次性实验证据不足以支撑所有结论，因此缺乏可靠性。撒哈和穆罕默德（Sahoo & Mohammed, 2018）进行学术写作和期刊评论的教学来探究其对学生思辨

[①] 马利红、刘坚. 外语写作思辨能力评价效度研究：基于多面Rasch模型分析 [J]. 外语教学理论与实践, 2021（02）：97-107+115.

[②] Tierney, R., Soter, A., et al. The Effects of Reading and Writing upon Thinking Critically [J]. Reading Research Quarterly, 1989, 24（2）：134-173.

能力以及协作能力的影响，该研究创建了以小组形式进行的计划写作。[①]此外，学生还需要进行反思摘要的撰写。其研究结果得到了所有参与者的认同，即该模式有助于提高思辨推理能力和认知技能。Lu和Xie（2019）以大学生为实验对象，开发了高等英语的新型教学模式，即引入国际批判性思维阅读和写作测试框架，实验组接受该新型模式的教学，对照组则接受常规写作课程教学，研究同时采用思辨能力测试和写作测试，并运用问卷和访谈予以辅助。[②]实验数据显示，接受实验干预的组别整体布局能力、组织语句和写作连贯层面都表现良好，且整体思辨能力和评估技能优于对照组。但是，该实验所使用的思辨能力测试适用于高级英语学习者，其难度偏大，因此不适用于高中阶段的学生。

（二）国内关于以读促写对写作思辨能力影响的研究

多数学者肯定了写作对培养学生思辨能力的重要作用。李莉文（2011）将英语专业大二学生共24人作为被试进行为期16周的教学行动研究，探讨如何在英语写作课堂中培养写作思辨能力以及增强读者意识。[③]研究发现，逻辑错误分析、综合反馈机制能有效提高学生写作水平，使学习者在写作过程中创造性地组织观点，从而显著增强读者意识和思辨能力。王敏和王初明（2014）将48名英语专业大二学生作为被试，探索读后续写的协同效应及是否影响外语的使用，研究表明以读促写中确实存在由于理解和产出紧密结合而产生的协同效应，该效应帮助学习者激发语言表征，使学习者能够及时将材

[①] Sahoo, S., & Mohammed, C. A. Fostering critical thinking and collaborative learning skills among undergraduate students through a research protocol writing activity in the curriculum [J]. Korean journal of medical education, 2018, 30（2）: 109–118.

[②] Lu, D., & Xie, Y. G. The effects of a critical thinking oriented instructional pattern in a tertiary EFL argumentative writing course [J]. Higher Education Research & Development, 2019, 38（5）: 969–984.

[③] 李莉文. 英语写作中的读者意识与思辨能力培养：基于教学行动研究的探讨 [J]. 中国外语, 2011（03）: 66–73.

料中的熟词新用，增强写作语言表达。[①]同时也有不少学者以英语写作教学中如何提高思辨能力为主题探讨做出一些新的教学尝试，如以写前训练为主，并辅以网络平台的模式以及辩论式英语写作模式，该模式能有效提高学生的思辨能力同时发挥学生主观能动性。有学者认为，读写结合模式相比纯写作模式更能显著促进学习者的写作思辨能力并通过实践教学得出具体结论。有学者以英专生为实验对象，开展实验探究读写一体化任务对学习者写作能力、写作思辨能力和语言发展的影响，结果发现读写一体化模式不仅大幅度提升了学习者的写作总分，对学生思辨能力也有促进作用，而对写作思辨能力的影响是偏隐形的，即需要经过长时间的发展才能体现出来。论及对写作思辨能力具体维度的影响，林岩（2014）开展了一项行动研究，实验前让学生通过阅读输入目的语，并让学生在对阅读材料的分析整合基础上写一篇作文，研究发现读写结合模式有效促进了学生思辨能力，主要体现在分析、比较和整合信息方面。[②]郭奕奕（2017）等以输入输出假说为指导理论，以上海市某大学的82名大二英专学生为被试，开展持续一学期的实验，实验期间安排了两次写作测试，即前测和后测。[③]结果表明，除了写作总分的提升，学生语言表达和论证能力的平均分皆有显著提高，且后者的提升程度更为明显。因此本实验验证了读写结合模式对思辨能力中的论证分析能力的促进作用。

纵观国内外学者关于以读促写对写作思辨能力影响的研究可知，国外学者早在20世纪就发现读写一体模式优于纯写作或者纯阅读的可能性并以此展开研究。近几年国外学者研究重点转向混合型教学实验，以此证明被试的思辨能力得到提升。国内学者已经从纯写作模式深入到读写结合模式的应用，大多数肯定了以读促写对写作思辨能力的促进作用，其相关研究或多或少推动了以读促写领域的发展。纵观这些研究可以发现，较少有实验证明对写作思辨能力具体层面的影响。除此之外，国外由于文化背景差异，其评价方法能否有效准确地反映中国学生的思辨能力还有待定论。

[①] 王敏，王初明. 读后续写的协同效应 [J]. 现代外语，2014（04）：501-512+584.
[②] 林岩. 英语专业知识课中的密集读写任务对思辨能力的影响 [J]. 外语界，2014（05）：11-19.
[③] 郭奕奕，唐毅等. 英语读写模式结合的实验研究 [J]. 东华大学学报（社会科学版），2017（01）：32-35.

三、以读促写与大学生英语写作思辨能力的提升

以读促写为学生输入与产出搭建了桥梁，能切实地克服读写分离的现象，对提高学生阅读和写作兴趣卓有成效。本书揭示了以读促写对提高学生思辨能力具有重要意义。因此，教师应对以读促写教学以及定期安排以读促写训练给予重视，具体教学建议如下。

（一）采取各种活动以提升学生的写作水平

教师可以通过设计回读活动，强化表达练习等方式增进学生协同效应的产生。以读促写之所以能够有效促学，其机制主要来自协同效应。互动强，则协同强，而随互动而得以生成的协同作用对学生语言知识的巩固以及技能的提升均大有裨益。因此，建议教师在教授续写的教学步骤中能尽可能增添些让学生回读原文的活动任务，从而促进学生与原文的深度互动。此外，在引领学生理解探析原文时，应当有意识地从强化学生协同能力着手。一方面，可以通过视听结合、设置问题等形式充分引起学生注意力；另一方面，侧重对原文目标性词汇、语法句式的讲解和练习，不仅能帮助学生在潜移默化和强化练习中吸纳、内化并运用原文的地道表达和句式，且有助于学生逐步扩增词汇语料。

（二）选取恰当材料降低学生的写作焦虑

教师可以从续写材料的选取和拓展以及合理组织多元课堂活动两方面着手。据调查，大学生英语写作焦虑及其各维度均处于中等焦虑水平，且在回避焦虑和认知焦虑上表现尤为突出。因此，教师应想方设法从调动学生读写内在动机，激起学生对续写的兴趣以及提升学生自信等方面入手。

首先，续写材料是语言输入的重要载体，对学生后续的语言产出具有深刻影响。教师应从发展性和启发性原则出发，选取难度符合或略高于学生当前英语水平且故事情节富有悬念、合乎逻辑的文本材料，以促进学生读写自

我内驱力的生成，进而减少其对写作的回避焦虑和排斥心理。因此，在练习足够多的记叙文续写后，为了激发学生的读写动机，不妨考虑拓宽阅读文本的选择范围，尝试把中西方文化、人文历史、政治经济等内容逐渐融入续写，以及适当增加其他不同体裁，以充实他们的语言储备和写作内容，有益于学生在今后执行各种写作话题、写作任务时能够积极构思写作、厘清思路、应对从容。

其次，因为班上学生英语水平参差不齐，因此在教师具体施教时，应循序渐进式地开展有梯度的学习任务，贯彻因人而异、因材施教的教学理念，开展多元的课堂活动辐射全体学生。例如，头脑风暴、小组讨论、学生互评等鼓励学生释放想象力，自由发表、陈述自己的观点，让基础薄弱的学生也能在"小步调"学习中汲取成就感，培养学生写作自我效能感，增进写作热情，从而达到缓解写作焦虑的目的。

（三）促进输入强化与以读促写的融合

在实际教学中，教师可将输入强化这一外部手段有效地与以读促写教学相融合。输入强化手段能够调整学习者在以读促写中的有效注意资源，使得学习者在关注内容的同时也关注到语言形式，有效提高大学生英语以读促写的成绩，尤其是语言和内容上的得分。因此，教师可以基于以读促写所创设的真实语境，利用输入强化这一手段进行诸如语法、词汇、句法等知识的教学或巩固复习。在这一过程中教师可以根据教学目标，合理修改部分语言内容，将目标语言形式嵌入以读促写材料中，增加前文中目标语言形式出现的频次，以提高学习者对目标语言形式的注意并与之协同。值得注意的是，注意资源是一个整体、有限且单一的储存库，因此，教师在强化的时候应控制好强化的数量，帮助学生在注意形式与注意内容之间取得平衡，充分利用注意资源。此外，鉴于过难的语言结构的强化效果并不理想，所以教师在选择目标语言结构时还应该充分考虑学生的语言水平。

（四）强化以读促写，提升语言表达的准确性

大学英语教师应致力于利用强化以读促写任务提高学生写作的语言准确性。输入强化手段能够重新分配学习者注意资源，加速数一致、时态、非谓语等语言形式在学生脑海中的内化，巩固学生的心理表征，最终达到减少语言形式偏误的作用。此外，鉴于输入强化的易操作性和灵活性，教师还可以根据学生平时容易犯错的语言项目，有目的地、有针对性地选择以读促写的语言项目进行强化，做到因材施教。

（五）内隐与外显学习有机结合，以增强协同效应

学生续作中的语义偏误并不能得到改善，这是因为输入强化手段只是帮助学习者分配了注意资源，但是如果学习者没有操控意识去学习目标语言项目的话，输入强化本质上还是属于一种内隐学习手段，因此在英语句法教学中将内隐与外显教学结合起来，比单纯内隐或外显的方式更加有效。此外，先内隐后外显的教学顺序更有利于学习者掌握句法规则。据此，教师在对某些目标结构，尤其是复杂度较高的目标结构强化后，有必要对其进行进一步的讲解。例如，采取形式聚焦的方式对输入进行处理，即教师提供学生需要掌握的语言形式并组织学生就这些形式开展讨论，或者列出学生必须使用的一些重点语言形式等。再如，教师也可以利用互动引导任务，即让学习者完成梳理式的、归纳式的互动引导练习进一步加深其对目标语言项目的理解。

第七章　大学英语阅读教学评一体化与学生思辨能力的培养

在传统的大学英语阅读教学过程中，教师往往注重对阅读材料中语言知识的讲解，并通过纸笔测试去评估学生的阅读能力。随着课程改革的进一步深化，大学英语阅读教学也从以传统的教师为中心转向以学生为中心。然而，由于受到四六级考试压力以及根深蒂固的自下而上阅读教学模式的影响，部分教师仍然将语言知识的讲解作为重点内容，忽视评价的激励作用和促学功能，课堂教学中的教、学、评三者之间未能融通。学生缺少机会独立地去分析和思考阅读材料，缺乏判断自身学习情况的自信，难以在英语阅读过程中检测自己的学习效果，学生只有通过反思而不断获取进步，从而培养其阅读能力，促进其全面发展。因此，如何改进英语阅读教学，提升学生的阅读水平成为焦点问题。本章就来具体分析大学英语阅读教学评一体化与学生思辨能力的培养问题。

第一节 教学评一体化研究

一、教学评一体化的内涵

一体化,百度的名词解释是指多个原来相互独立的主权实体通过某种方式逐步结合成为一个单一实体的过程。一体化在不同的领域有不同层次的含义。本书研究的是教育领域的一体化,其实质是教学目标、教学过程、教学结果与教学评价达到整体一致的水平。教学评一致性与教学评一体化的含义有所联系,以此为鉴,并予以升华。

从一致性的角度看教、学、评。崔允漷教授等研究者根据韦伯的观点将教学评一致性定义为:在特定的课堂教学活动中,以清晰的目标为前提,教师的"教"、学生的"学"以及对学习的评价应与目标保持一致。崔允漷和夏雪梅(2013)从两个方面探讨了教学评一致性的内涵。[①]从教师层面,教学评一致性指在教学过程中,教师的"教"、学生的"学"、对教学的"评价"三要素要与教学目标一致;从教育专家层面,教师的"教"、学生的"学"与考试命题保持教学目标的一致,教学评一致性共同指向有效教学。崔允漷和雷浩(2015)从理论分析层面总结了教、学、评一致性的定义,即由教—学一致性、教—评一致性、学—评一致性三个因素组成,并研究这三个因素与教学目标的匹配程度。[②]从一体化的角度看教、学、评。张德伟(2005)认为,评价是教学过程中不可或缺的一部分,教学与评价是不可分割的,评价应贯穿日常教学的始终,要在恰当的时期以正确的形式进行,评价的目的是提高教学质量和促进学生的发展。卢臻(2015)将教学评一体化

[①] 崔允漷,夏雪梅."教-学-评一致性":意义与含义[J].中小学管理,2013,266(1):4-6.

[②] 崔允漷,雷浩.教-学-评一致性三因素理论模型的建构[J].华东师范大学学报:教育科学版,2015,33(4):15-22.

分为四个重要的分析问题：学习问题、教学问题、评价问题、匹配问题。[1]她指出无效教学的原因是课标—教学—评价"两张皮"，即教学目标游离于教学之外，评价与教学分离，倡导让教学"回家"，以课程标准为目标，追求目标—教学—评价的一致性，以评价促教学。《英语课程标准（2020年修订版）》指出："完整的教学活动包括教、学、评三个方面。教是教师把握英语学科核心素养的培养方向，通过有效组织和实施课内外教与学的活动，达成学科育人的目标；学是学生在教师的指导下，通过主动参与各种语言实践活动，将学科知识与技能转化为自身的素养；评是通过课程标准检测教与学的效果。由此可以看出，'评'是'教'与'学'的手段，而不是最终的目的，三者一致指向教师的专业发展与学生的个性发展，成为不可分割的有机整体。"李亮（2018）认为，在教学中，教师可以通过评价促进教学目标的落实与达成，学生在教师的支持和引导下，自主探究与合作学习达成学习任务目标，发展自身的综合素养。[2]王蔷、李亮（2019）认为，教学评一体化模式对提高教学质量，改善学生学习体验，推动学科核心素养的落实具有重要的意义。教学评一体化模式应该每天都发生在课堂教学中，这样教师教学才更加专业化，学生学习才更有希望，外语教学才能有新的突破。[3]郭晓悦（2021）认为，构建教学评一体化生态模式，引导教师关注学习过程，将教学评价融入真实的教学情境中，转变英语课堂的教学观念，优化教学策略，促进学生的发展。[4]

基于以上学者的研究，我们可以得出教学评一致性与一体化概念的关联所在：第一，原理一致，两者都是为实现有效教学的目的、达到良好的教学效果来进行设计的；第二，指向一致，两者都是指向教学目标，并围绕教学

---

[1] 卢臻.以评价驱动教学：教-学-评一体化教学实践与探索[J].基础教育课程，2015，157（13）：6-10+19.

[2] 李亮.核心素养背景下教-学-评一体化设计与实践：以高中英语项目式教学为例[J].中小学教师培训，2018，387（10）：62-66.

[3] 王蔷，李亮.推动核心素养背景下英语课堂教-学-评一体化：意义、理论与方法[J].课程·教材·教法，2019，39（5）：114-120.

[4] 郭晓悦.指向教学评一体化的高中英语阅读教学研究[J].海外英语，2021，439（3）：92-93.

目标设计教学活动、学习活动和评价活动；第三，操作一致，都是将评价活动镶嵌于日常的教与学的活动之中，且教师应给予及时的反馈评价。由此，本书对教学评一体化做出如下界定：课堂活动前，教师根据课程标准制定教学目标；课堂实施活动中，教师将教—学、教—评、学—评活动演绎于配套的教学设计中，并最终使两两结合的三要素与既定的教学目标相匹配。

一体化可以理解为："两个或两个以上独立运作的个体，采取适当的方式，组成一个紧密衔接、相互配合的整体。"教学评一体化就是教、学、评三个方面融合成一个整体的过程。在基础教育领域，日本是最早提出教学评一体化思想的国家，日本学者水越敏行等人虽然早在20世纪90年代中期就提出了教学要与评价一体化结合的思想[1]，但是后期并没有对这个概念进行明确的界定。我国学者张德伟随后解读了日本的教学与评价一体化的思想：评价是教学过程中的一个重要环节，评价与教学是一个整体，二者之间不可分离，它作为教学过程的一个必要环节而贯穿教学过程的始终。[2]为学生提供反馈是评价的直接目的，帮助学生缩小自己现有水平与学习目标之间的差距，最终促进学生的成长。张德伟教授揭示了教学与评价之间密不可分，相互渗透和相互促进的关系。陈霞对教学与评价一体化思想做了解读，她认为教学与评价一体化是一个动态的"教学"—"评价循环体"。[3]具体来说就是把以往彼此孤立的教学活动与评价活动有机融合为一个整体，将评价活动适切地贯穿整个教学活动的整个过程中，并发挥评价循环体的持续性反馈与引导功能，促进课堂教学的良性循环，从而促进学生全面均衡地发展。唐云波指出教学评一体化把评价看作是整个教学过程中的一部分，其关键作用在于促进学生的学习。[4]教师为了确定学生学到了什么程度以及现有水平和目标

---

[1] 水越敏行，奥田真丈. 新学校教育全集17·教育指导的评价[M]. 东京：行政株式会社，1995.

[2] 张德伟. 日本中小学教学与评价一体化原则及其对我国的启示[J]. 外国教育研究，2005（02）：29-33.

[3] 陈霞. 教学与评价一体化的课堂教学模式探析：以PYP的课堂教学为例[J]. 外国中小学教育，2012（01）：47-50+46.

[4] 唐云波. 初中化学"教·学·评一体化"教学模式的构建与实施[J]. 化学教育，2013，34（06）：50-54.

之间的差距，采用评价来收集和解释学生学习的证据，帮助学生更好地达到目标，是为了促进学生的学习而进行的评价。卢臻[1]认为教学评一体化的前提是目标—教学—评价之间的一致性，一体化是对一致性原则的高度概括。"一体化"既是教学设计的组织策略，通过目标分类理论与技术，构建目标、教学、评价三大课程元素的内在统一性，在教学设计层面形成有效教学的预期效力。同时，"一体化"也是教学实施的运作策略，运用以评价驱动教学的思想与路线，基于教学目标，实现教、学、评等三大教学要素的系统性，在教学实施层面形成有效教学的实际效力。王云生[2]提出教学评一体化是在课堂教学中把教、学和评价融合成一个整体，重视开展学生的日常学习评价，把评价当作促进学生学习的工具，把评价作为促进教师教学的工具，使学生的学习行为、教师的教学行为和课堂评价整合为一个整体，紧密地融合在师生的整个教学活动中，改变以往教学评价游离于教学之外的现象。

2017年教育部颁布的《普通高中英语课程标准》对教师实施教学评一体化提出了相关建议：教师在实际教学中要把课堂评价活动贯穿教学的全过程，使课堂评价为检测教学目标服务，以明确学生的当前实际水平，发现学生学习中的困难，并提供及时帮助和反馈，促进学生更有效地开展学习。[3]在高中英语新课程标准颁布之后，王蔷和李亮对教学评一体的内涵进行了阐释：一个完整的教学活动包括教、学、评，而一体化则是这三个方面的有机融合。[4]评价融合在学习活动的全过程中，对教学及时判断、反馈和促进。评价提供学生的学习证据，教师根据证据对学生进行反馈，进而调整教学计划。学生在提供信息后，教师再改进教学计划，使教学与评价在教学中成为良性循环。

总之，教学评一体化从时间角度来说是同步进行的，因为教学与评价发生于整个课堂活动中。在传统课堂教学中，评价总是滞后于教学或者游离于

---

[1] 卢臻."教-学-评一体化"教学揭秘 [J]. 基础教育课程，2016（07）：8-11+28.
[2] 王云生."教、学、评"一体化的内涵与实施的探索 [J]. 化学教学，2019（05）：8-10+16.
[3] 中华人民共和国教育部. 普通高中英语课程标准（2017年版）[M]. 北京：人民教育出版社，2018.
[4] 王蔷，李亮. 推动核心素养背景下英语课堂教-学-评一体化：意义、理论与方法 [J]. 课程·教材·教法，2019，39（05）：114-120.

教学之外。在教学评一体化中，评价贯穿整个课堂教学中。从内容角度来说，教学评指向共同的目标，使课堂教学朝着统一的方向前进，达到以评促学，以评促教的效果。没有目标，教、学和评就不能统一起来，学生的核心素养也就无从发展。教学评一体化的评价主体不仅包括教师，还包括学生和学习共同体。评价应采用多元的评价方式，根据不同的教学内容和不同的学生群体灵活运用。

二、教学评一体化的实施步骤

教学评一体化在课堂教学中的设计与实施是个复杂的过程，包含着诸多要素，是个系统的育人工程。在教学评一体化的课堂教学中，教师是系统工程师，是课堂教学的关键，而学生则是这个育人工程的核心，学生在课堂教学中处于中心地位。教学评一体化设计与实施从教学开展顺序的角度看，可以划分为以下三个阶段：教学准备阶段、教学实施阶段和教学反思阶段。[①]

（一）教学准备阶段

在教学准备阶段，教师需要做好充足的准备。第一步，教师要基于新课标的理念和要求，分析单元主题、分析教材和分析学情。确定学生学习的起点，要明确为什么教，并要体现的育人价值是什么。第二步，在对单元、教材和学情分析后，确定学生现有水平与课程标准要求之间的差距，为学生设计合适的教学目标。教师要审视教学目标是否能培养学生的核心素养，是否符合学生的实际发展水平，教学目标是否可操作、可检测和可观测，并在审视之后，对教学目标进行修改。第三步，教师基于新课标倡导的能够促进学

---

① 王蔷，李亮. 推动核心素养背景下英语课堂教－学－评一体化：意义、理论与方法 [J]. 课程·教材·教法，2019，39（05）：114-120.

生核心素养发展的英语活动观设计教学活动和评价活动。教学活动可以促进教学目标的实现，评价活动可以检测学生的学习效果。教学活动和评价活动需要与教学目标保持一致，教学与评价不分离，教学与评价共同促进教学目标的实现。

（二）教学实施阶段

在教学实施阶段，教师和学生都是课堂教学的参与者。无论是教学活动，还是评价活动，教师和学生都是课堂教学的参与者。

首先，教学设计是课堂教学实施的依据，教师要以学生发展为中心，以培养学生解决问题能力为导向，使教学目标在教学活动和教学内容的合理安排下得以实现。

其次，教师要采用观察、提问、点评、纸笔测验等方式来评价学生的学习效果，为学生提供及时的反馈。反馈要明确具体，学生能够根据反馈调整学习计划。

最后，评价活动的主体不仅是老师，学生也是评价的主体。在开展评价活动时，教师不仅要向学生明确活动的内容和形式，还要明确评价活动的形式和标准。学生要转变为评价活动的积极参与者，同教师一起参与评价标准的制定，能够根据评价标准进行自评和互评，进而有效调控自己的学习进度。

（三）教学反思阶段

在教学反思阶段，教师对课堂教学效果做出评价，判断教学是否达到了预设的教学目标，课堂教学还有哪些不足，还有哪些可以改进的地方，并进行反思进而做出调整，为日后教学的改进提供参考。单元学习结束后，通过测试、观察、师生交流、动手操作等方法检测学生在知识、能力、经验和态度上的转变，综合评价学生的全面发展，全面培养学生的核心素养。

第二节　教学评一体化与大学英语阅读教学的关系

教学与评价在课程设计和教学环节中扮演着关键角色。教学与评价的相关研究历经时代的演变其研究视角不断拓宽，涉及的语种和课型也不断充实，教学与评价在英语教学尤其是在阅读教学中的应用研究并不多，且主要集中在理论研究层面，而新课改的发展使多种评价方式相结合以促进教学与评价一体化的课堂教学成为近年来的研究热点。

在理论方面，柴门（Zamel，1985）提出评价标准的制定方法，认为教材是制定标准的重要依据。[1]艾尔艾森（Airasian，2000）介绍了档案袋、自我评价和同伴评价等多种评价方式在英语阅读教学中的运用策略，促进了教学与评价的一体化。[2]戴维森和梁（Davison & Leung，2009）基于泰勒目标模式，提出能够运用在外语阅读教学中的"TLA"理念及模型，强调在教学中要整合教学、学习与评价，发挥评价在教学中的主体作用，实现了三者之间的整合和相互促进，通过教师和学生为实现目标而展开的互动活动来提高阅读教学的效果。[3]李亮（2018）在研究中展示和分析了一些基于项目式教学与教、学、评一体化相结合的高中英语阅读教学案例，探讨这一新模式在当前英语学科核心素养背景下的有效性。[4]郭晓悦（2020）根据英语阅读教学的现状，对语篇、学情、教学目标、学习成效等方面进行研究，进行了基于教、学、评一体化的高中英语阅读整合教学设计，以促进育人目标的实现。

---

[1] Zamel, V. Writing: The Process of Discovering Meaning [J]. TESOL Quarterly, 1985, 34（2）: 79-101.

[2] Airasian, P. W. Assessment in the Classroom: A Concise Approach [M]. New York: McGraw-Hill, 2000.

[3] Davison C, Leung C. Current issues in English Language Teacher-based Assessment [J]. Tesol Quarterly, 2009, 43（3）: 393-415.

[4] 李亮. 核心素养背景下教-学-评一体化设计与实践：以高中英语项目式教学为例 [J]. 中小学教师培训, 2018（10）: 62-66.

在实证研究方面，阿纳斯塔西娅和杰弗里（Anastasiya & Jeffrey，2009）在研究大学生的英语阅读学习时发现，学生普遍认同详细的教学评价是课堂中最有效的反馈形式。[1]波茨（Potts，2017）通过一段时期的课堂观察了解英语阅读课堂的教学与评价现状，指出以学生为中心开展教学与评价相结合的活动有利于营造轻松愉快的课堂氛围，促进学生的英语阅读学习。[2]韦珠祎（2019）以"互动—反馈—改进"的特征为着手点进行高中英语阅读教学的探究，通过注重评价对象的互动性、评价方式的多样化以及评价内容的多元化提高学生阅读水平。[3]华萌萌（2021）从英语学科核心素养的四个方面入手，建构基于教、学、评一体化的初中英语阅读教学新模式，并通过研究证明这是一种有效的教学方式。[4]

通过对教、学、评一体化相关研究的横向与纵向梳理可以发现，学者们普遍认为，教、学、评一体化在阅读教学中扮演着极其关键的角色，基于教、学、评一体化的教学设计可以为师生提供及时有效的反馈信息，并能够推动教学质量的提高，改善学生学习态度，提高学生学习兴趣和学习能力等，对英语阅读教学具有重要的意义，能够解决当前英语阅读教学中存在的部分问题。

从总体上看，当前的研究成果还无法充分展现教、学、评一体化在课堂教学中的运用情况与效果，具有理论研究多，实证研究少的特点，相关研究偏向于策略层次的探讨，部分面向教、学、评一体化的教学相关研究通常以某一课时或者某个单元的教学设计为主，对多个课时或者单元的教学设计及其教学效果的验证，以及在实施过程中遇到的困难和解决方案还缺少一定的

---

[1] Anastasiya, A. L. & K. S. Jeffrey. "I Really Need Feedback to Learn:" Students' Perspectives on the Effectiveness of the Differential Feedback Messages [J]. Educational Assessment, Evaluation and Accountability, 2009, 21（2）：347-367.

[2] Potts K V. Methods used in creating a Student-Centered high school chemistry lesson [D]. State College: Penn State University, 2017.

[3] 韦珠祎. 形成性评价在高中英语阅读教学中的策略探究 [J]. 基础教育研究, 2019（21）：47-49.

[4] 华萌萌. 核心素养背景下初中英语阅读课的教、学、评一体化设计与实施 [D]. 济南：山东师范大学，2021.

研究，而大学英语学科在这一方面的研究更是少之又少。如何进行基于教、学、评一体化的大学英语阅读教学、所取得的教学效果如何等问题，还需广大学者去探究。

第三节 教学评一体化与学生阅读思辨能力提升

一、构建教学评融通互促体系

教学评价贯穿大学英语教师阅读教学与学生阅读学习的课堂活动中，是控制大学英语阅读教学质量与学习质量的有效方法。下面从理论层面分析评价—教学、教学—学习、评价—学习之间的关系，从完善教、学、评一体化制度、增强教学评价意识、正确利用大学英语阅读课堂教学评价反馈信息三个维度提出实现有效教学的具体措施，为设计并运用一体化模式进行大学英语阅读教学提供操作指南，以下通过建立教学模型阐述三者之间的关联。

（一）"评"对"教"的机制作用

1. 课堂评价与教师教学模型

大学英语阅读课堂评价与教学的关系如图7-1（评价—教学框架体系）。大学英语教师依据大学英语阅读课程标准制定教学目标及评价标准；通过评价任务的干预，调整教学方案；评价标准的逐步完善形成评价规则，评价意识指导实际的大学英语阅读教学；大学英语阅读课堂评价与教师教学相互融合实现迁移创新，直至完成教学目标。在这一过程中，大学英语教师始终要检查大学英语阅读教学目标与评价任务是否存在一致性，使教师充分了解自己的大学英语阅读教学情况，从而提升大学英语阅读教学的良好效果，促进教师自身教学经验的增加。

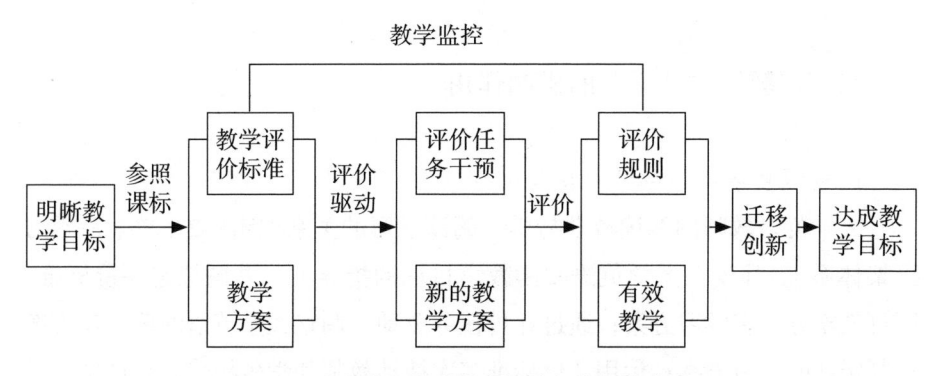

图7-1 大学英语阅读课堂评价与教师教学模型

2. 评教整合，实现以评促教之策

（1）构建科学合理的评价——教学制度

建立评教制度，准确收集针对大学英语阅读教学目标的信息，基于教学情境与学生身心发展的实际，制定行之有效的大学英语阅读教学评价指标体系。教师要从大学英语阅读课程标准到教学目标再到教学评价标准的稳步推进，由评价标准驱动教学设计且评价标准为定量，评价标准是对教学目标的进一步细化，通过评价规则，多次监测、调节教师的教学方案，使教师以评价主体的身份参照监测教学，边评边教，评即教，教中有评，评与教一体。

（2）增强教学评价意识

基于当前部分大学英语教师在大学英语阅读课堂教学中对表现性评价的忽视，大学英语阅读课堂教学效果会受到一定程度的影响。因此，也必须增加大学英语教师对阅读课堂教学评价工作的重视程度。教师是教学实施的主体，教学效果将直接影响到学生的学习效果，只有将大学英语阅读教学评价镶嵌于日常的教学活动中，教师才能不断提升业务水平和综合素养。

（3）正确利用课堂教学评价反馈信息

教师的服务对象是学生，学生的教学行为也是教学的一面"镜子"，学生在学习过程中存在的典型问题就是对教学的反馈。因此，教师只有正确利用大学英语阅读教学评价反馈信息，才能真正关注学生的具体行为表现，包括学习能力和学习态度，从而进行有针对性的大学英语阅读教学，真正实现以评促教。

（二）"教"与"学"的机制作用

1. 教师教学与学生学习模型

大学英语教师的阅读教学与学生阅读学习的关系如图7-2（教学—学习框架体系）。师生在大学英语阅读教学目标的指导下，共同拟定评价标准，制订教学方案和学习方案；通过评价任务驱动，调整大学英语阅读教学方案和制定新的学习方案；运用评价标准多次撬动教师和学生构建认知结构；教学与学习在大学英语阅读课堂评价的调节下相互融合、相互促进，实现迁移创新，直至达到大学英语阅读教与学目标。在这一过程中，大学英语教师的阅读教学方案与学生的学习方式始终要围绕教学目标上下波动，从而实现教学相长。

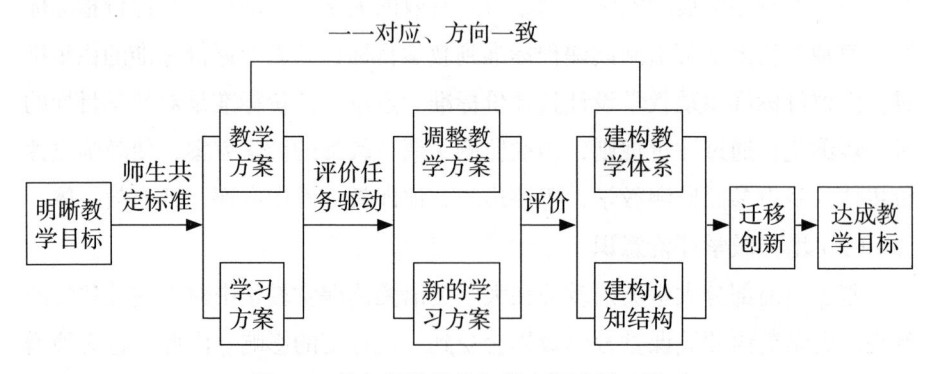

图7-2　教师阅读教学与学生阅读学习模型

2. 教学整合，实现教学相长之策

一方面，大学英语教学是教师的"教"与学生的"学"的双向奔赴，"有教必有学""有学必有教"，教与学的内容、行为一致。因此，在进行大学英语阅读教学设计时，教的内容和学的内容保持一致，且教师在发令后学生应采取对应的行动解决问题，同步进行。另一方面，教师的"教"与学生的"学"都是为了达到一定的教学目的,即共同指向大学英语阅读教学目标。在进行大学英语阅读教学设计时,教学活动与学习活动在评价的驱动下共同开展,直至实现教学目标。

(三)"评"对"学"的机制作用

1. 课堂评价与学生学习模型

大学英语阅读课堂评价与学生的阅读学习的关系如图7-3(评价—学习框架体系)。教师制定大学英语阅读教学目标,学生参考设定自己的阅读学习评价标准;学生在评价任务的驱动下调整阅读学习方式,学生依照自身的阅读评价标准形成评价规则;在评价规则的引导下实现迁移创新;参考评价标准,直至完成学习目标。同时,鼓励学生检查自己的阅读学习目标与评价任务是否存在一致性,使学生充分地了解自己的学习情况,掌握高效学习英语阅读知识的方法,促使学生丰富自身的阅读经验。

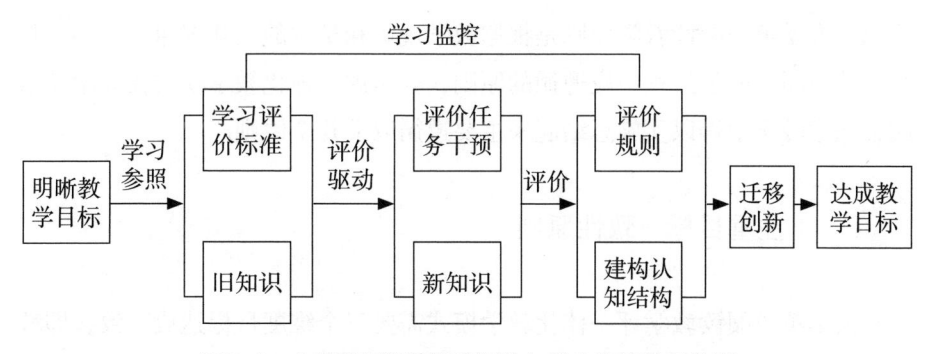

图7-3 大学英语阅读课堂评价与学生阅读学习模型

2. 评学整合,实现以评促学之策

(1)构建科学合理的评学制度

建立评学制度,教师要引导学生制定行之有效的大学英语阅读评价体系。学生积极参与到大学英语阅读课堂评价活动中,有助于学生在原有的认知基础上构建新的知识体系,通过参照标准—评价规则不断改进自己的阅读学习方式。因此,学生应积极主动地投入阅读教学评价活动中,以评价主体的身份参照评价标准监控和调节自己的学习行为，边评边学，评即学，学中有评，使评与学为一体。

（2）增强评学意识

学生要重视形成性评价，积极参与评价标准的制定，自主开展阅读学习。教师在大学英语阅读评价中发现学生的典型问题要及时予以跟进、解决，不断改进学生的阅读学习表现，从而检验其阅读学习的效果，真正实现以评促学。

二、把握教学评一体化教学的原则

在进行大学英语阅读教学评一体化教学设计中，教师的教学活动应以大学英语阅读教学目标和评价任务为设计依据，通过一定的教学内容和组织形式实现良好的大学英语阅读教学效果，其课堂活动的设计要有一定的方法和要求。大学英语阅读教学原则是根据教学规律和学生的认知规律制定的，是大学英语阅读教学过程中应遵循的原则，教学评一体化教学模式在大学英语阅读课堂教学中得以实施总结起来主要遵循以下几个原则。

（一）注重目标一致性原则

大学英语阅读教学评一体化教学模式需要三个维度目标达成一致，即教学目标与评价目标相统一、学习任务与评价任务相统一、学习方式与评价方式相统一，教学目标统领"教"与"学"，在评价任务的驱动下共同指向大学英语阅读教学。在大学英语阅读教学目标制定后，评价问题是教师首先要考虑的问题，即"如何证明学生已经学会"的问题。因此，大学英语阅读教学评一体化教学模式的设计是关于"学生学会了吗"，而不仅仅关注"教了吗""学了吗"。检测大学英语阅读教学目标的实现程度，要设计与之匹配的评价目标对教学目标的实现状态予以确认，通过评价琢磨其充分实现大学英语阅读教学目标的新手段和新方法。教师要密切关注大学英语阅读教学目标在学生身上的落实情况，而不能只满足于教学计划的完成。教学评只有保持教学目标的一致性和完整性，才能实现良好的课堂教学效果。

（二）注重过程性原则

大学英语阅读评价活动应贯穿大学英语阅读课堂教学的整个过程。教、学、评三者为统一有机整体，即教师要整体考虑教学内容、学习内容、评价方式等，大学英语阅读课堂评价切不可游离于教学活动之外，而是要镶嵌于其中。建构主义学习理论强调，教学应以学习者知识获得的过程为重点，更注重学生的学习过程而不仅仅是学习结果。"教"与"评"共同指向学习目标，必须服务于"学"。因此，教师在大学英语阅读教学过程中，要动态观察学生执行阅读学习任务、作业及通过学习者回答问题的方式等，及时掌握学生的阅读学习状况以规划下一步的教学重点，满足学生的阅读学习需要。

（三）注重实时反馈性原则

大学英语阅读教学评一体化教学模式注重及时反馈教学信息，其信息要体现"教"与"学"的两个方面。

（1）"教"的角度。第一，教师通过评价可以了解学生的实际情况，及时反思教学行为，进行有的放矢地开展大学英语阅读教学；第二，教师以此了解大学英语阅读教学目标的实现程度，及时调整教学计划和方法。

（2）"学"的角度。第一，通过外部信息的反馈，可以夯实自己的阅读学习基础，"学而时习之"，不断充实阅读学习内容和学习方法；第二，外部的反馈信息能够促进学生认识自我，进行自我反思教育，不断发扬其优点，克服其缺点，从而使学生重新审视自我，认清自己的价值方向。

（四）注重主体性原则

教学是教师与学生的双向奔赴，只有实现教学目标，教育才有意义。大学英语教师在大学英语阅读教学评一体化教学中指导学生积极参与、主动探究学习活动，通过评价任务检测大学英语阅读教学的效果；学生既是大学英语阅读课堂活动的参与者，也是他人活动的观察者和评价者。学生在课堂上完成学习任务，通过评价的驱动，不断实现阅读学习目标和提高自身的阅读能力。在大学英语阅读课堂教学活动中，教师应积极引导学生参与评价过程，不断提高自身的信心和效能感，引导其进行自我评价，真正成为学习的主人，把课堂还给学生。

三、大学英语阅读教学评一体化与学生思辨能力提升

（一）科学设计阅读学习目标

科学合理的学习目标其实就是将学科核心素养具体化，大学英语阅读教学承担着培养学生思辨性思维的重担，要想出色地完成这一培养目标，首先，教师就需要转变思路，以学生为学习的主体，目标关注学生怎么学、学什么以及学到什么程度而不是教师要教什么、怎么教；其次，还要能够准确分解课程标准、分析英语阅读教材和学情，设计制定出科学合理的大学英语阅读学习目标。

1.目标指向素养，培养学生思辨能力

大学英语阅读教学要求培养学生的思维能力，培养学生比较分析、归纳判断的能力。英语阅读能够锤炼人的思想，提高学生的思维辨析能力。因此，大学英语阅读教学的目标设计需要体现出教师发展学生阅读素养、培养学生思辨能力的强烈意识。大学英语教师在目标设计时需要考虑，学生学习哪些知识、通过什么方法和活动能够锻炼学生的思辨思维，促进学生理性思维的开发。

2.分解课程标准，为制定学习目标寻找科学依据

大学英语阅读教学的要求是学生确立阅读学习目标的一个关键依据。课程标准对教学的要求主要体现在"课程目标"与"课程内容"两个部分，大学英语阅读课程设置了三个层面的学习任务群，分别是第一层的"英语语言

知识积累与梳理"，第二层的"实用性阅读与交流""英美文学阅读与创意表达""思辨性阅读与表达"以及第三层的"整本书阅读"和"跨学科学习"。同时针对不同学习任务群的学习内容要求也可以成为大学英语阅读学习目标的确定依据。例如，大学英语阅读课的学习目标可以参考"思辨性阅读与表达"任务群中的学习内容、教学提示的一些要求，有选择性地进行摘录和分解。

以单元为单位进行课程标准分解能够提高教师的站位，开阔教学视野。如果教师的教学目光只局限于一个个零碎知识点，英语阅读课文与课文之间的学习只是拼接并列关系，则不利于发挥单元学习的合力。教师对单元学习目标了然于胸，向上可以接洽学生阅读素养的培养，向下可以合理规划学习每篇英语阅读文章所需要达成的学习目标。

3.分析教材内容，把握编者意图

在分解课程标准对单元学习目标整体掌握的基础上，还需要对大学英语阅读教材内容进行分析，把握编者意图，更进一步精确梳理英语阅读课的学习目标。

4.把握学生学情，找到学生学习的起点

如果说分解课标和分析教材是在为制订学习目标寻找科学依据，那么把握学生学情则是为学习目标的制定提供合理的依据。学习目标既是制定学生学习的终点，也就是学习要达到的目的地，但在此之前需要了解学生学习的起点在哪里。另外，英语学科不像其他科目那样能够通过前测获得精确的数据，因为英语要考察的不仅是学生对某一个知识点的掌握，还有学生的英语知识经验、能力素养、生活经验等，这要求大学英语老师掌握学生学情的方法要更加灵活多样。除了通过前测获得诊断评价，还可以在生活中对学生多加了解。教师不仅要掌握班级学生整体的水平，还要对学生与学生之间的差异了然于胸，更加合理地制定不同等级学习目标之间的达成进度。

5.学习目标叙写，使学习目标清晰、可评、可测

学习目标是教和学双方合作实现的共同目标，它着眼于教师的教，落脚于学生的学，其主体是学生。清晰、可评、可测的阅读学习目标有利于有效组织和实施大学英语阅读课堂教学，准确了解学生反馈，是对大学英语阅读课堂教学中学生发生变化的一种预设，叙写清晰、可评、可测的学习目标是

非常有必要的。所谓的学习目标清晰、可评、可测就是指从大学英语阅读学习目标的叙写中就能够明了"学生学什么，学到什么程度"。大学英语阅读学习目标不仅要用一个外显的可观测的动词表述出学习的结果，还要明确学生完成学习目标的标准和学生达成学习目标的方式。例如，通过梳理英语课文和小组交流，所有学生都能够准确说出本篇课文的论证思路。"通过梳理课文和小组交流"是学生达成目标的方式，"说出本篇课文的论证思路"即学习之后要达成的阅读目标结果，用"说出"这样一个外显的可观可测的动作来代替"把握""理解"这样无法直接测量的词语，"所有学生""准确说出"就是在明确完成阅读目标的标准。

（二）教学评估任务化：在学、教中评估

在确定目标的前提下，设计教学评价其实就是设计教学评估任务和评估标准。与以往顺向教学设计不同，逆向教学设计的思路是在确定学习目标之后便依据学习目标设计教学评估任务，根据教学评估设计学习活动。大学英语阅读教学评估任务化也就是将完成学习目标的过程变成直观可测的任务，教师在学生完成阅读任务的过程中获得评估的证据。学生对阅读学习内容的理解掌握情况从直观地评价任务的完成度中体现出来，教师可以根据学生任务完成反馈情况及时调整大学英语阅读教学进度和教学方法，久而久之便能够形成一套科学有效的大学英语阅读教学体系。

1.创设表现性任务

大学英语教学要培养学生在真实情境中灵活运用知识的能力，具体到大学英语阅读教学中，就是培养学生在真实情境中进行阅读思辨的能力，促进学生阅读思辨性思维的形成。阅读表现性任务可以使学生的阅读思维可视，学生在完成阅读任务的过程中可以锻炼阅读思辨性思维和创造能力，同时也将他们的阅读思维和能力在这个过程中展示了出来，并使其变得可以观测。因为设置阅读表现性任务能够引发学生的阅读相关表现，从学生的表现中可以直观地看到其是否达成阅读学习目标。例如，大学英语阅读教学中往往需要学生掌握阅读思路方法，那么怎么样才算掌握了这篇英语文章的思路方法了呢？针对这样一个目标就可以设置画文章结构图的任务，使学生的阅读思

维过程可视化，而能够完整清晰地画出文章结构图便是掌握了这篇英语文章的思路方法，达成了这一学习目标。

2.设置合理的评估标准

表现性任务内在地包含"任务设计"与"量规设计"两部分。所谓的量规设计，其实就是针对上述的表现性任务设计合理的评估标准，是判断和解释学生对目标掌握程度的标准，并为学生的学习提供参照。大学英语阅读教学中，在创设阅读表现性任务的同时，还需要设计与之匹配的阅读任务评估标准，对学生的任务完成情况进行描述与评价。同时学生也可以将自己阅读任务完成的结果与任务评估标准进行对照，完成其对自己的评价，知道自己哪些方面达成了目标，哪些方面还可以改进，还可以在哪些方面提高，从而进行自我反思、调节与改进。评估的目的不是为了告诉学生合格或不合格，而是为了给学生的自我提升提供一个支点。

3.评估主体多元化

评估不仅是教师的特权，在教师对学生进行评估的基础之上，学生也可以对教师进行评估；学生对学生进行评估，学生也可以对自我进行评估。应当重视学生的自我评估，因为学生对自己进行评价的过程也是他们进行自我反思并提高的过程。当教师给出详细的阅读任务评价标准时，学生便可以一目了然地进行自我评估或学生和学生之间相互评估，这个过程可以帮助学生不断进行自我审视和自我完善，对培养学生英语阅读素养有着事半功倍的效果。

（三）指向学习目标灵活开展学习活动

学习活动是教学过程中的最小单位，教学活动是指在教师的引导和促进下，学生自主参与的、能动性的主体认识活动、实践活动和交往活动。学习活动是从学生的视角出发，更强调学生"学"的真正发生，而不是强调教师"教"的有效发生。目前仍然活跃在大学英语阅读课堂上的活动大多是以教师为中心、知识为中心或经验为中心。这样的活动不符合学生的心理，难以调动学生学习英语文章的主观能动性和积极性。在逆向教学设计思维中，学习活动应该依据评估任务而设计，为高效达成阅读学习目标，设计阅读学习活动时要关注指向性的问题,阅读学习活动和评估任务是否都指向阅读学习目标,三者是否始终保持一致。除此之外还需要根据英语文章的特点、学生的学情、大学英语阅读教学内容等灵活开展阅读学习活动,调动学生阅读学习主动性,激发学生阅读学习的积极性。学生只有乐学、爱学才能够主动去学,才能够积极主动参与教师的教学过程并从中获得知识和能力。

1.活动方式:自主、合作、探究

大学英语阅读教学要培养学生的深度思维和思辨能力,而传统的大学英语阅读教学以教师为中心,师生之间的互动往往是一些碎片化的问答,不能很好地激发学生阅读学习的积极性,锻炼学生的阅读思维探究能力,无法满足培养学生阅读素养的要求。课程标准要求教学以学生为主体,让学生做课堂的主人,在大学英语阅读学习活动中要注重学生之间的自主、合作、探究,教师根据英语文章内容抛出具有探究性的问题,鼓励学生与学生之间,学生与老师之间进行平等合作交流,并将讨论结果与同学和老师分享。面对复杂问题学生需要调动自身高阶的思维能力对信息进行加工、对问题进行分析,最后组织语言进行表达。所以学习活动以自主、合作、探究的方式进行是培养他们分析创造能力的有效途径。

2.活动指向:在实践中学以致用

针对上述提到的大学英语阅读教学要注重表现性任务、创设真实情境,那么学习活动就是指导学生在真实情境中的实践。因为课程标准更注重培养学生学了什么知识以及将所学知识运用到实际生活中的能力,所以教师在设计阅读学习活动时要根据学生所学内容和学生的心理规律创设真实的情境,激发他们阅读学习的欲望,运用学习到的阅读知识进行阅读实践活动。例如,老师可以让学生在真实的情境中尝试开展辩论、演讲、写发言稿等活动,真正做到学以致用。学生想要完成这些活动势必就要先学会英语阅读知识,然后再将其运用到这些实践活动当中,并在完成实践活动的过程中锻炼学生的信息加工能力和阅读思辨性思维。

参考文献

[1] 陈泽航，李翠.阅读圈在英语阅读教学中的应用[M].北京：外语教学与研究出版社，2021.

[2] 程晓堂.英语阅读教学[M].北京：外语教学与研究出版社，2012.

[3] 胡春洞，戴忠信.英语阅读论[M].南宁：广西教育出版社，1998.

[4] 宋洁，康艳.英语阅读教学法[M].北京：首都师范大学出版社，2014.

[5] 王笃勤.英语阅读教学[M].北京：外语教学与研究出版社，2012.

[6] 张君棠.大学英语阅读教学理论与实践[M].北京：冶金工业出版社，2014.

[7] 周荣辉.英语阅读理解策略与技巧[M].成都：西南交通大学出版社，2009.

[8] 党婉宁.基于产出导向法的大学英语阅读教学策略研究[D].沈阳：沈阳师范大学，2021.

[9] 冯丹.基于慕课资源平台的翻转课堂教学模式在大学英语阅读教学中的应用研究[D].兰州：西北民族大学，2020.

[10] 郝树霞.基于互联网的支架式教学模式在大学英语阅读教学中的应用研究[D].呼和浩特：内蒙古师范大学，2019.

[11] 梁雪飞.阅读圈在大学英语专业阅读教学中的应用研究[D].锦州：渤海大学，2022.

[12] 鲁雨潇.基于动态系统理论的大学英语阅读教学模式研究[D].沈阳：沈阳师范大学，2016.

[13] 梅利雅.基于元认知策略的大学英语阅读教学研究[D].武汉：华中师范大学，2020.

[14] 孟筱筠.基于词块理论的大学英语阅读教学行动研究[D].淮北：淮北师范大学，2020.

[15] 苗纪美.批判性思维在大学英语阅读教学中的应用[D].济南：山东师范大学，2013.

[16] 施华.批判性阅读策略在大学英语专业阅读教学中的应用研究[D].长沙：湖南师范大学，2016.

[17] 王威.基于问题的学习（PBL）在大学英语阅读教学中的应用研究[D].大连：辽宁师范大学，2015.

[18] 魏田田.基于语篇连贯理论的大学英语阅读教学行动研究[D].淮北：淮北师范大学，2020.

[19] 吴双.基于U校园的主题式CBI模式在大学英语阅读教学中的应用研究[D].沈阳：沈阳师范大学，2023.

[20] 吴耀武.大学英语阅读分层处方教学研究[D].西安：陕西师范大学，2019.

[21] 杨喃.多元识读教学法在大学英语阅读教学中的作用[D].济南：山东师范大学，2014.

[22] 杨洋.混合式教学模式在大学英语阅读教学中的实证研究[D].兰州：西北民族大学，2020.

[23] 叶培枫.抛锚式教学模式在大学英语阅读教学中的实证研究[D].兰州：西北民族大学，2021.

[24] 张丹珂.图式理论应用于大学英语阅读教学的策略研究[D].重庆：西南大学，2013.

[25] 张昊.支架式教学在大学英语阅读课堂中的应用研究[D].南京：南京航空航天大学，2015.

[26] 张慧颖.语块教学法在大学英语阅读教学中的实证研究[D].兰州：西北民族大学，2022.

[27] 张俊杰.基于U校园的混合式教学模式在大学英语阅读中的应用研究[D].沈阳：沈阳师范大学，2022.

[28] 张群.语篇分析理论在大学英语阅读教学中的应用[D].青岛：中国海洋大学，2014.

[29] 周晶.动态评估在大学英语阅读教学中的应用研究[D].沈阳：沈阳师范大学，2022.

[30] 白玲玲.浅析阅读圈模式在大学英语阅读教学中的应用[J].英语广场，2020，（02）：65-66.

[31] 包静.思维导图在高职大学英语阅读教学中的应用[J].文化创新比较研究，2021，5（22）：134-136+141.

[32] 陈福雨.PBL教学模式在大学英语阅读中的应用研究[J].潍坊工程职业学院学报，2022，35（05）：44-49+75.

[33] 陈龙，左丹云，李立人.基于学术英语阅读教学的思辨能力培养[J].教育现代化，2017，4（46）：132-133.

[34] 陈睿.高校英语阅读教学中培养大学生自主学习的策略[J].江西电力职业技术学院学报，2023，36（03）：58-60.

[35] 陈艳，扈守华，谢长雄.大学英语思辨式阅读教学模式探析：以全新版大学英语BOOK 2 UNIT 1 Learning，Chinese-style为例[J].教育教学论坛，2018，（42）：279-280.

[36] 程丽波.大学英语阅读教学中思辨能力发展的实证研究[J].科技视界，2016，（22）：58-59.

[37] 程明.大学英语阅读教学中学生思辨能力培养研究[J].农家参谋，2020，（16）：218-219.

[38] 戴静.信息化时代大学英语阅读教学设计[J].英语广场，2023，（24）：74-77.

[39] 高帆.产出导向法在大学英语阅读课程教学中的应用[J].英语广场，2022，（31）：104-106.

[40] 郭琪.基于深度学习理论的大学英语阅读课堂设计[J].英语广场，2022，（26）：101-104.

[41] 黄彩霞.大学英语阅读教学中学生思辨思维能力的培养[J].大学英语（学术版），2014，11（01）：38-40+52.

[42] 黄丽霞.分层教学模式在高职英语阅读教学中的应用[J].创新创业理论研

究与实践，2022，5（12）：164-166.

[43] 黄青青.形成性评价指导大学英语阅读教学改革实践研究：以《习近平谈治国理政》第三卷英文版为例[J].海外英语，2022，（22）：159-161.

[44] 黄颖.大学英语阅读教学中的文学思辨力培养策略分析[J].现代职业教育，2021，（32）：164-165.

[45] 李冰.大学英语阅读教学中的思辨能力培养：以《融合大学英语》为例[J].当代外语研究，2019，（04）：89-96.

[46] 李萍.大学英语阅读教学中的文学思辨力培养策略分析[J].科学咨询（教育科研），2020，（01）：31-32.

[47] 李然.以支架教学理论培养学生英语自主阅读能力的行动研究[J].天津农学院学报，2023，30（02）：86-90.

[48] 李雪.语篇分析在大学英语阅读教学中的应用[J].中国多媒体与网络教学学报（上旬刊），2022，（05）：203-206.

[49] 李艺美，任丽娜.基于思辨能力培养的大学英语深度阅读教学研究[J].陕西教育（高教），2019，（10）：38-39.

[50] 林燕贞.图式理论在大学英语阅读教学中的应用研究[J].佳木斯职业学院学报，2022，38（05）：109-111.

[51] 刘亚凤.多模态视角下探索大学英语阅读与写作课程的思政教学模式[J].现代英语，2022，（24）：41-44.

[52] 刘莹莹.基于批判性思维的大学英语阅读教学策略[J].英语广场，2022，（14）：107-110.

[53] 卢蓉.大学英语思辨性阅读教学模式探究[J].海外英语，2018，（05）：60-61+63.

[54] 孟丽莉.批判性阅读策略在英语阅读教学中的应用研究[J].黑龙江教师发展学院学报，2022，41（06）：139-141.

[55] 秦金鑫，齐聪.基于图式理论的英语阅读教学研究述评[J].教育观察，2022，11（11）：75-78.

[56] 宋蕾.大学公共英语阅读教学中学生思辨能力培养研究[J].英语广场，2018，（08）：100-102.

[57] 苏妮娜.基于思辨能力培养的大学英语语篇阅读教学研究[J].大学教育，2021，（08）：106-109.

[58] 王柏雁.输入理论在高中英语阅读教学中的应用研究[J].海外英语，2023，（03）：192-194.

[59] 王骏.对"真实性"英语阅读教学的理论探讨[J].当代外语研究，2017，（06）：46-50+71.

[60] 王轶，韩丹，杨璐.支架教学模式在英语阅读教学中的应用研究[J].吉林广播电视大学学报，2023，（01）：152-154.

[61] 吴开来.以产出为导向的混合式大学英语阅读教学探究：以教学设计"中医药在外国"为例[J].现代英语，2022，（22）：39-42.

[62] 吴敏睿."阅读圈"在大学英语教学中的思政育人功能分析[J].中国多媒体与网络教学学报（上旬刊），2022，（08）：180-183.

[63] 徐佳颖.基于语篇分析的大学英语阅读教学策略探究[J].海外英语，2023，（11）：177-179.

[64] 杨凤丽.大学英语阅读课中微课的应用与思辨能力的培养[J].智库时代，2017，（14）：292+294.

[65] 杨桂华，赵智云.培养跨文化能力的大学英语阅读教学实践研究[J].外语界，2018，（03）：24-29.

[66] 杨景萍.多模态视角下大学英语阅读与写作课程教学模式研究[J].吉林省教育学院学报，2023，39（02）：137-140.

[67] 杨轶男.基于SPOC的大学英语阅读混合式教学模式构建思考[J].现代英语，2023，（03）：53-56.

[68] 尹海燕.基于语篇分析理论的大学英语阅读教学实践[J].沈阳大学学报（社会科学版），2022，24（05）：542-549.

[69] 张国玲.我国大学英语阅读教学研究热点与趋势的可视化分析[J].华东科技，2023，（04）：136-138.

[70] 张倩，谢晶晶.SBI视角下大学英语阅读教学实证的研究：以语境猜词策略为例[J].江西电力职业技术学院学报，2023，36（05）：19-21.

[71] 赵天绮，王静.指向深度学习的大学英语批判性阅读教学课例研究[J].英语广场，2023，（17）：101-104.

[72] 赵莹.多模态协同视角下大学英语阅读课中学生多元识读能力培养的实证研究[J].鄂州大学学报，2023，30（04）：50-53.

[73] 朱嘉欣.多模态视角下大学英语外文报刊阅读教学[J].英语广场，2022，（03）：71-73.

[74] Anne Cloonan, Louise Paatsch, Kirsten Hutchison.Renewing Literature Circles：Pedagogies for Curated Multimodal Responses[J]. Reading Teacher, 2020, 73（5）：647-656.

[75] Udorn Wan-a-rom . The Effects of Control for Ability Level on EFL Reading of Graded[J]. English Language Teaching, 2012, 5（1）：34-37.

[76] George M. Jacobs , Willy A. Renandya. Using Positive Education to Enliven the Teaching of Reading[J]. RELC Journal, 2016（8）：1-8.

[77] Frank Boutsen, Eunsun Park, Justin D Dvorak. Reading Warm-Up, Reading Skill, and Reading Prosody When Reading the My Grandfather Passage：An Exploratory Study Born Out of the Motor Planning Theory of Prosody and Reading Prosody Research[J]. Journal of Speech, Language, and Hearing Research, 2022, 65（6）：2047-2063.

[78] Barone, D., Barone, R. "Really," "Not Possible," "I Can't Believe It"：Exploring Informational Text in Literature Circles[J]. The Reading Teacher, 2016, 70（1）：69-81.

[79] Marlatt, R. "Ditch the Study Guide"：Creating Short Films toAnalyze Literature Circle Texts[J]. Journal ofAdolescent &Adult Literacy, 2019, 63（3）：311-321.